CORNELIA GOETHE

BRIEFE UND
CORRESPONDANCE SECRETE
1767–1769

INHALT

Cornelia Goethe
BRIEFE AN KATHARINA FABRICIUS   9

CORRESPONDANCE SECRETE   41

Melanie Baumann, Marion Benz, Daniela Jopp,
Stefanie Krummel, Matthias Schirmeier
AN DIE GLEICHALTRIGE CORNELIA   121

Hans Schoofs
CORNELIA

   Kindheit und Jugend   145
   Briefe und Correspondance Secrète   155
   Ehe, Krankheit, Tod   179

Personen- und Sachverzeichnis   197
Bibliographie   203

Vorbemerkung

Die an ihre Freundin Katharina Fabricius gerichteten Briefe und das Tagebuch der Cornelia Goethe liegen hier erstmals vollständig in deutscher Sprache vor. Sie wurden aus dem Französischen übertragen von einem Literaturkurs des Goethe-Gymnasiums in Emmendigen, wo Cornelia, verheiratet mit Johann Georg Schlosser, seit 1774 lebte und wo sie 1777 starb.

Grundlage unserer Übersetzungsarbeit war die von Georg Witkowski im Jahre 1903 besorgte Erstausgabe dieser autobiographischen Zeugnisse. Wir haben uns bemüht, sie in das Deutsch des achtzehnten Jahrhunderts zu übertragen und die charakteristische Ausdrucksweise der jüngeren Schwester Goethes so authentisch wie möglich wiederzugeben. Von den Schwierigkeiten und Risiken dieses Unterfangens berichtet *An die gleichaltrige Cornelia*.

Die Orthographie wurde dem heutigen Standard angeglichen, Orts- und Eigennamen jedoch in der Schreibweise des Originals belassen. Auch die eigenwillige Interpunktion haben wir beibehalten, weil sie viel über Cornelias jeweilige Seelenlage verrät.

Die französischen Anredeformen – «M.» oder «Mr.» für Monsieur, «Mlle» für Mademoiselle – wurden ebenfalls übernommen; sie sind Spuren des Zeitstils. «Cousin» und «Cousine» bezeichnen in diesen Briefen durchweg kein

Verwandtschaftsverhältnis; so nannten sich die jungen Leute des gebildeten Frankfurter Bürgertums im geselligen Umgang miteinander. Die häufige Anrede «*Miss*» zeugt von der damals zunehmenden Vorliebe für alles Englische, wobei der Einfluß des Modeautors Samuel Richardson höher einzuschätzen ist als die Entdeckung Shakespeares für die junge deutsche Literatur.

Die mehrfach erwähnte «*Große Gesellschaft*» fand dienstags statt, abwechselnd bei den miteinander verkehrenden Familien, sommers manchmal im Freien. Außerdem traf man sich zu den regelmäßigen Freitagskonzerten, in verschiedenen Kränzchen und auf Bällen, seltener auch privat.

Cornelia hat die gleichaltrige Katharina Fabricius aus Worms, die Adressatin ihrer Briefe und des Tagebuchs, erst 1767 kennengelernt. Katharina war im Sommer dieses Jahres zu Besuch bei Verwandten in Frankfurt.

Während die Briefe den üblichen Postweg nach Worms nehmen, hat Cornelia die Tagebuchblätter in sieben Sendungen ihrer Freundin Katharina über deren in Frankfurt lebende Schwester zukommen lassen – wohl um die Kontrolle des Vaters zu umgehen. Diese vermittelt auch die Antworten Katharinas, die uns nicht erhalten sind. Die mehrfach genannte Charitas Meixner aus Worms ist eine gemeinsame Freundin; außer der Adressatin darf nur sie Cornelias Tagebuch lesen.

Alle weiteren Erläuterungen finden sich im Personen- und Sachverzeichnis.

BRIEFE AN
KATHARINA FABRICIUS

1. OKTOBER 1767 BIS 24. MÄRZ 1768

I

Vielgeliebte, und reizende Freundin.

Wer bewunderte nicht Ihren Glücksstern, welcher Sie
in so liebenswürdiger Gesellschaft bis in Ihre teure Va-
terstadt geleitete; und wer freute sich nicht über die
glückliche Veränderung, die Ihnen eine der merkwürdig-
sten Schönheiten zuteil werden ließ. Ja meine Liebe; wie
groß auch der Kummer war den Ihre Entfernung mir bereitet hat, wie schwer auch das Leid das ich empfunden,
da ich Sie abreisen sah, ohne Ihnen auch nur mein Herz
eröffnen zu können, ohne imstande zu sein, Ihnen über
eine recht traurige Zeit zu berichten, die mir gar viel
Schmerz verursachte; war ich doch halb getröstet, Sie so
angenehm begleitet zu sehen. Der Schlummer war da
nicht recht am Platze, mein Kind; in Begleitung eines
Schöngeistes, eines so kenntnisreichen Mannes zu schlafen, nein, das ist unverzeihlich! Was hätten Sie von seinen
Einsichten, von der Beschreibung seiner Reisen gewinnen
können. Er wird viel Abenteuerliches erlebt haben, wie es
einem Helden seinesgleichen wohl ansteht. Keine Liebes-
geschichte? Das wäre doch sein Fall gewesen – Ein Wort
zu Ihrer Zärtlichkeit gegen mich: Ich hätte nie geglaubt
daß die Erinnerung an mich Sie zu Tränen rühren könnte,
wofür ich Ihnen tausendmal danke. Aber da sie nun
einmal vergossen sind, sei Ihnen offen gesagt, daß es ein

wenig voreilig war, einer zweiten Zusammenkunft zu entsagen: So viel Vertrauen habe ich in jenen Himmel, den Sie damals, bei Sonnenuntergang, so ruhevoll betrachteten, daß er beitragen wird Sie bald hierher zurückzuführen, oder mich selbst zu einer Extrafahrt nach Worms anzuregen – Die Musik, vornehmlich die Klaviermusik, hat viel verloren, durch den Tod von M. Schobert, den berühmten Klavierspieler des Prinzen Conti, zu Paris, Sie werden gewiß auch durch die Zeitungen davon gehört haben. Giftige Pilze, die er mit seinen Freunden aß, waren die Ursache, und alle starben daran. Er hat XV Werke komponiert, in Kupfer gestochen, die vortrefflich sind, und die zu spielen ich nicht müde werde. Alle andere Musik gefällt mir beinahe nicht mehr. Wenn ich spiele, zerreißen schmerzliche Empfindungen meine Seele, ich beklage ihn, diesen großen Komponisten, der, in der Blüte seiner Jahre, bei so großen Anlagen, so elend und unvermutet hat müssen zugrundegehen – Die Zeit für Spaziergänge ist vorüber, die Messe ebenfalls, und nun bin ich wieder in mein Zimmer gebannt, zum Schreiben, Arbeiten, und Lesen. Tun Sie denn nun was Sie sich hier vorgesetzt haben? So ungefähr wie ich mir denke; aber ich muß stilleschweigen, Sie sind gewiß beständiger als ich – hem – lachen Sie nicht mein Kind – Mlle B. die Sie hier haben kennenlernen, ist gar sehr betrübt, über die Entfernung ihres Geliebten, die diese Woche erfolgen soll; ach! meine Liebe wie unglücklich man ist wenn man liebt, das arme Mädchen! Sie dauert mich sie hat keine Ruhe Tag und Nacht. Aber wenn ich meinen Augen trauen darf, die

sehr scharfsichtig sind, wird das Wort Betrübnis nicht allzu lange gelten, das wäre ein großer Vorteil für sie, und
ich würde mich darüber freuen, ob mir schon nicht allzu
sehr daran gelegen ist. Ich hielt ihr kürzlich, eine lange
Predigt, auch hörte sie so aufmerksam zu, daß ich zuletzt
hoffe, die Zeit und meine Ratschläge, werden sie heilen –
Eine Posse, meine Liebe. Ich habe dieser Tage, den
Elendsmenschen gesehen, der alles aus Barmherzigkeit
tut; Sie verstehen mich wohl. Er wollte mich ansprechen,
und machte mit gar untertänigen Verbeugungen das Vor-
spiel, allein ich wandte ihm unversehens den Rücken zu;
was ihn dermaßen kränkte, daß er sich mit verdrießlicher
Miene und unter kläglichen Gebärden zurückzog, hahaha
– Bitte grüßen Sie vielmals Ihren Herrn Vater, M. Hallungius und Ihre Fräulein Schwester. Seien sie schließlich
versichert daß ich bin, und immer sein werde,

Frankfurt
den 1. Oktbr   Die Ihrige
   1767.   C. F. C. Goethe.

II

Liebenswürdige Freundin

Nichts kam meiner Freude gleich, als ich sah daß Sie immer noch so großen Anteil nehmen an allem was mich angeht, und ich weiß Ihnen vielen Dank dafür, daß Sie sich um meinetwegen betrüben, ohne die Ursache zu kennen. Ich wäre zu bedauern gewesen, wenn die Zeit den Kummer nicht linderte; doch ich habe es bewiesen. Jeden Tag fühlte ich wie mein Herz freier wurde, heiterer; und endlich ist es ganz vorüber – wie ein Traum der entflieht wenn wir erwachen – wie froh ich darüber bin. Es ist mir jetzt unmöglich Ihnen davon zu berichten weil mir doch die Empfindung fehlt; die Abkühlung würde sich überall zeigen – Sie wollen es mir also erlassen. – Es freut mich sehr, daß Sie so brav sind, und so viel studieren. Achten Sie den Spott einiger Elender für nichts, sondern fahren Sie immer fort, Sie werden darum um so achtungswürdiger sein. – Es erstaunt mich daß Ihnen die Wahl einer Freundin, so übel gelungen ist, besonders da Sie so scharfsichtig sind. Dieses arme Mädchen hat sich unglücklich gemacht, denn man wird immer sehen daß Ehen dieser Art nicht glücken, und ich erkenne daran nur zu gut, daß es in Worms nicht besser zugeht als bei uns; wo auch noch ein solches Paar lebt seit ungefähr fünfzehn Jahren, jedoch überaus unglücklich, da es fast nichts hat seine zahlreiche Familie zu erhalten, obgleich der Vater der Frau einer der reichsten Männer unserer Stadt ist. Jenes ganz neue Beispiel also das Sie anführen, lehrt uns, auf der Hut zu sein was die Freundschaft anbetrifft, und eher zu mißtrauisch als zu offen zu sein, gegenüber Personen die man noch nicht gründlich kennt – Sie drücken sich nicht eben recht deutlich aus, diesen kleinen Zufall betreffend der Ihnen begegnete. Was will denn dieser M. Hesse? Was bezweckt er indem er Ihnen 24 Menuette schickt? In was für Worten ist sein Brief verfaßt, spricht er von Liebe? Hahaha! da muß ich laut lachen; nein das kann nicht sein, denn dann hätte er seine Sache klüger angefangen. Wie stehen Sie also jetzt mit ihm; sollten Sie seinen Vorschlag angenommen haben? Das glaube ich niemals, denn dieser Mensch ist nicht für Sie geschaffen; Sie die ... aber ich schweige still das sind Dinge die man nicht schreibt. Nicht wahr, meine Liebe? – Seit Sie von uns fort sind, habe ich Ihr verehrtes Fräulein Cousine gar nicht mehr gesehen, deswegen wüßte ich Ihnen nichts von ihr zu berichten. Daß sie sich noch nicht recht zu ihrem Vorteil verändert hat, zeigen ihre Briefe. Ich glaube indessen daß sie sich sehr wohl fühlt, da sie ja keinen Anlaß zur Eifersucht mehr vor Augen hat. Wer weiß ob sie nicht geliebt wird. Lachen Sie meine Liebe, oder mißfällt Ihnen das. Sollten Sie etwa noch zärtliche Empfindungen hegen, für einen Mann der Ihnen so ganz ergeben ist. Es gab eine Zeit da Sie so für ihn empfanden; wenn ich mich nicht sehr täusche. Bekommen Sie Briefe – holla etwas sachte was geht Sie das an, werden Sie denken. Verzeihen Sie mir meine Liebe wenn ich manchmal ungelegene Fragen stelle, ich möchte alles wissen was Sie angeht, denn ich habe Sie so gern – Der lieben Runkel geht es ganz vorzüglich, sie wird alle Tage klüger, und natürlich größer. Können Sie sich vorstellen daß sie den Barmherzigen jetzt ebenso haßt wie ich. Wie das kam ist mir unbekannt genug sie verachtet ihn, sieht ihn nicht und spricht nicht mehr mit ihm. Alles was ich weiß, ist daß ein anderer Gegenstand, anziehender, liebenswürdiger als er, seinen Platz eingenommen hat. Sie läßt Sie grüßen und wünscht Ihnen stets viel Gutes – Unsere Weinlese ist vorüber, wir haben nur einen Korb Trauben davongetragen, die nicht ganz reif waren. So hat der Himmel uns um das beste Erzeugnis des gegenwärtigen Jahres bringen mögen. Ich weiß daß dieses ein Hauptartikel Ihrer Gegend ist, sagen Sie mir wieviel haben Sie geerntet? Waren Sie glücklicher als wir; ich denke ja, weil doch Ihr Boden für den Weinbau geeigneter ist, als der unsrige – Meine lieben Eltern lassen Sie vielmals grüßen, und ich bitte Sie Ihrem Herrn Vater, und Ihrer Fräulein Schwester ebenfalls Grüße auszurichten; seien Sie überzeugt daß ich niemals aufhören werde zu sein

Fran[k]furt   Die Ihrige
den 6. Nov. 1767   C. F. C. Goethe.

III

Schätzungswürdigste meiner Freundinnen.

Könnte ich Ihnen mitteilen welche Freude ich empfand als ich aus Ihrem lieben Brief ersah daß Sie mich immer noch lieben, Sie wären um so überzeugter, daß ich Ihre Zuneigung aufrichtig erwidere, und daß meine Freundschaft zu Ihnen unwandelbar ist. Ja ich würde mich vollkommen glücklich schätzen wenn wir in derselben Stadt wären, um uns sprechen und mündlich unterhalten zu können, gewiß würden Sie mich öfter besuchen als Ihre Fräulein Cousine, die ich nicht gesehen habe seit ihrem letzten Besuch den ich Ihnen gegenüber erwähnte. Freilich bin ich selbst daran schuld; denn es wäre an mir mich melden zu lassen, aber ich kann mich dazu nicht entschließen, weil ich glaube ich würde solche Leute belästigen, von deren Sinnesart Sie mir ja berichtet haben; und ich selbst finde ebensowenig Gefallen daran, denn dergleichen Unterhaltung wäre mir allzu langweilig, wie Sie sich vorstellen können. Ich glaube nicht daß sie liest obwohl sie Gelegenheit dazu hätte, denn, meine Liebe, da es ihr an Geist fehlt, wie kann sie Gefallen am Lesen haben; ich glaube vielmehr daß man sich mehr rühmt als billig, denn wie können Menschen von Verdienst in private Verbindung mit einem Mädchen treten, dessen Gesinnungen sie kennen. Ja mein Kind, das liebenswürdige Fräulein hat sich sehr über Sie beklagt, daß Sie ihr so selten schrieben, daß nichts Neues in Ihren Briefen stünde, kurz daß sie sich vorgestellt habe Sie würden ihr viel eifriger schreiben. Ich nahm mir die Freiheit ihr einen leisen Vorwurf zu machen, indem ich sagte in Worms gebe es nicht so viele Neuigkeiten wie hier, und es sei daher an ihr, Ihnen Nachricht zu geben. Sie verstummte, schlug die Augen nieder, genauso wie in der Allee, als ... erschien Sie verstehen mich – Sie wollen von Mlle S. hören, was soll ich Ihnen sagen, sie ist noch die nämliche die Sie haben kennenlernen. Ihre Ziererei und ihre possenhaften Gebärden hat sie noch nicht abgelegt. Den Putz liebt sie über die Maßen, und ihre einzige Absicht ist zu gefallen. Doch auf ihren Charakter wüßte ich mir keinen Reim zu machen. Können Sie sich vorstellen, daß sie bei all dieser Leichtsinnigkeit W. noch immer auf das äußerste vergöttert. Nach allen den Fehlern die er gegen sie begangen hat wie Sie wissen, wird er Tag und Nacht beweint; besonders wenn man sich einer begangenen Narrheit wiedererinnert; die mir noch nicht bekannt war; ist man beinahe untröstlich. Ich werfe ihr diese unwandelbare Anhänglichkeit oft vor, indem ich ihr alles vor Augen rücke was sie davon abbringen könnte, aber anstatt überzeugt zu sein, antwortet sie mir: Ich bin nicht so ungetreu wie du. Wenn man von einem liebenswürdigen Manne spricht, ihn ein Muster an Geist und Schönheit nennt, antwortet sie sogleich mit einem verächtlichen Blick: Er ist aber kein W.. Alles dies zeigt wie groß ihre Zuneigung ist; indessen überlasse ich es Ihnen zu entscheiden ob das nicht immer noch besser ist als das Betragen von Mlle B.. von der ich Ihnen kurz berichten will und die just das Gegenteil jener anderen ist, wenn sie sich auch in ihrer äußeren Aufführung wirklich nicht sehr unterscheiden. Ich habe ihnen schon in einem meiner vorigen Briefe, von der Abreise ihres Verehrers erzählt, die wirklich, vor einigen Monaten, erfolgte, worüber sie fast untröstlich war. Einen ganzen Tag lang versiegten ihre Tränen nicht; den nämlichen Tag schloß sie sich in ihrem Zimmer ein, wollte niemanden sehen, noch sprechen. So wie eine junge Witwe, beim Tode ihres Mannes, wehklagt, und mit ihm sterben will; den Tag darauf schon weniger untröstlich ist, und nach kurzer Zeit nimmt ein anderer den Platz des Verstorbenen ein. Genau so war es auch mit Mlle B. Kaum vier Tage waren vergangen, da fand sich ein neuer, sie dachte nicht mehr an jenen welcher so bitterlich beweint worden, kurzum sie treibt jetzt mit diesem das gleiche Spiel wie vergangenen Sommer mit dem armen T... dem wir uns kurz noch einmal zuwenden wollen damit Sie von seinem Schicksal erfahren. Als er von hier fortging war dieser Unglückliche so arm, wie eine Kirchenmaus. Mit sehr wenig Geld reiste er nach Hamburg, suchte dort eine Anstellung bei Kaufleuten, fand keine, was ihn verzweifeln machte, und weil er nicht wußte wohin ohne Geld und ohne Freunde, versuchte er Soldat zu werden; und es wäre ihm gelungen wenn er besser Deutsch gekonnt hätte, denn er ist außerordentlich groß. Allein der Offizier fand dieses an ihm auszusetzen, weil man ihn in Kriegszeiten sogleich für einen Franzosen erkennen würde. Stellen Sie sich die Lage dieses armen Unglücklichen vor. Da ihm alle Aussicht auf Einkünfte genommen war; verpflichtete er sich als Leiter der Komödianten, mit denen er unverzüglich nach Braunschweig ist, und elend sein Brot verdient. Was sagen Sie dazu meine Liebe, ist das nicht eine gar merkwürdige Begebenheit? Und ist sie nicht wert weitererzählt zu werden, um jungen Mädchen als Beispiel zu dienen; die private Bekanntschaft von Leuten zu meiden die sie nicht kennen –

Haben Sie Anfang des Jahres auch solche Kälte gehabt, hier war es so über die Maßen kalt daß man die Nase nicht aus dem Fenster stecken konnte. Unsere Reben haben abermals gelitten. Aber jetzt ist das Wetter so schön daß es Frühling zu werden scheint. Ich wäre sehr froh darüber um meine Spaziergänge wiederaufnehmen zu können, denn ich müßte sonst wahrlich hypochondrisch werden, weil ich doch keine Bewegung habe; deshalb bin ich auch seit ein paar Tagen so schwermütig, und so unerträglich daß ich mit mir selbst unzufrieden bin, woher das kommt wüßte ich Ihnen im Augenblick nicht zu erklären. Genug, ich leide unter etlichen Widerwärtigkeiten, von denen ich Ihnen ein anderes Mal berichten will. Leben Sie wohl meine Liebe, richten Sie Mlle Meixner tausend Grüße aus, küssen Sie sie von meinetwegen; desgleichen Ihre liebe Schwester, und halten Sie mich immer für

Frkfrt: Ihre
den 5 Febr.   treue Freundin
1768.   Goethe.

IV

Treue Freundin.

Ich war sehr erfreut zu hören daß Sie in Manheim gewesen, denn ich kann mir wohl vorstellen welchen Eindruck die Pracht, der Zauber der Handlung, und des Gesanges, auf Ihr Gemüt werden gemacht haben. Ich zeihe Sie nicht der Extravaganz; doch hätte ich es getan wenn Sie eine so günstige Gelegenheit würden versäumt haben. Schade daß Ihre Cousine sie nicht genutzt hat; das wäre besser für sie als die Lektüre noch so vieler Bücher, von denen sie nichts versteht. Ha ha, lachen Sie; neulich hatte sie ihre große Gesellschaft, ich war da; welch ein erbärmlicher Auftritt, ach meine Liebe Sie kennen ja die Damen die daran teilnehmen; wir sprachen von Haushaltung, von der Lektüre, den Künsten, den Sprachen. Was sagen Sie dazu? Ich für mein Teil litt dermaßen unter dieser Konversation, deren Schalheit ich nicht abwenden konnte, daß ich lange brauchte mich davon zu erholen. Da konnte ich mit Muße, den eigentümlichen Charakter einer jeden studieren, und ich erkannte klar, daß es die Erziehung ist die sie so dumm macht. Sie spielen die Frömmlerin, unnatürlich und übertrieben, sehen keinen Mann an, weil man ihnen durchaus verbietet sich mit irgendjemandem sonst zu unterhalten als demjenigen, welcher ihr Ehemann wird; jegliche private Bekanntschaft mit wem auch immer sollen sie meiden; und wenn sie nur sehr wenig sprächen, sich recht gerade hielten, und sich zierten, dann seien sie vollkommen. Ist das nicht eine ganz erbärmliche und wenig nachahmungswürdige Erziehung, findet man doch an Stelle geistreicher junger Mädchen nur Bildsäulen, die nichts anderes vorbringen als ja und nein. Ich könnt mir über diesen Gegenstand noch mehr Freiheiten herausnehmen; wenn ich mich nicht verpflichtet glaubte Ihnen von einem Auftritt zu berichten, der obgleich er Sie nicht betrifft, doch nicht weniger interessant ist, zumal da er so wenig zu erwarten war, daß Sie sich gewiß wundern werden. Mein Hauptzweck dabei ist die Ehre einer Person wiederherzustellen die ich bei Ihnen angeschwärzt habe, weil ich damals zu voreingenommen war von boshaften Berichten die man mir darüber gegeben. Freilich mein Kind haben wir alle den Fehler von unserm Nächsten eher das Schlechte, als das Gute anzunehmen; es ist ein großer Fehler gestehe ich, ohne welchen ich schon lange von besagter Person überzeugt gewesen wäre, die jetzt ... doch welch eine Vorrede, Sie werden nicht wissen worum es sich handelt ich will geschwind beginnen Ihnen den Vorfall zu erzählen obwohl ich wahrhaftig nicht weiß wo ich anfangen soll. Sie erinnern sich sicher noch wie zornig ich vergangenen Sommer auf den Barmherzigen war. Je nun meine Liebe ich hatte bis jetzt eine recht schlechte Meinung von ihm, weil ich immer glaubte er sei schuldig, und er habe wenig schicklich über mich geplaudert, wie ich Ihnen mitgeteilt habe. Wenn ich ihn sah, kehrte ich ihm den Rücken zu ohne ihn anzusehen; kurzum neulich traf ich ihn in Gesellschaft, er sprach mich an; meine Antwort war kurz, und als er sich umwandte um einer Person zu antworten die ihn etwas fragte, verließ ich das Zimmer, in der Absicht ein wenig Luft zu schöpfen. Dies verletzte ihn mehr als alles andere, er konnte nicht an sich halten und fragte die Dame des Hauses, was ich gegen ihn hätte, und in welchem Punkte er das Unglück gehabt mich zu beleidigen, daß ich ihm so grob, und so unfreundlich gegenüberträte. Sobald er hinausgegangen fragte man mich nach dem Grunde meines Verhaltens gegen ihn, und erinnerte mich an seine eigenen Worte. Ich war aufgebracht über diese offenbare Frechheit, und um mein Betragen zu rechtfertigen, sagte ich ihnen, mit unaussprechlichem Zorn, alles was ich gehört hatte. Man verwunderte sich darüber, und um diese Torheiten aufzuklären, erzählte man ihm alles wieder; er war bestürzt, und stand einige Augenblicke in Gedanken versunken. Was! rief er aus, so schändliche Lügen hat man erfinden können, unter denen meine Ehre ebenso leidet, wie diejenige der gnädigen Fräulein. Jetzt wundere ich mich nicht daß man mich mit solchem Abscheu ansieht. Aber wie hat man das von mir annehmen können, warum hat sie es nicht schon vor einem vollen Jahre gesagt, daß ich ihre Verdächtigungen hätte zunichte machen können. Diese boshafte Natter von Rst. hat all dies erfunden, aus Haß aus Eifersucht. Sie wird es bereuen, ich schwöre es beim Himmel; ich werde sie zu Mademoiselle führen, vor ihr muß sie die Wahrheit gestehen. Erregt äußerte er noch vieles über diesen Gegenstand; und erreichte schließlich bei den Leuten vom

Hause, daß sie ihm eine Unterredung mit mir verschaffen würden. All dies erzählte man mir wieder; ich schwankte lange, ... kurzum wozu dieses lange Geschwätz; genug, ich sah ihn; er rechtfertigte sich, und ich, von seiner Unschuld überzeugt, nahm ihn wieder zu Gnaden an ... und nun ist Friede – ha, ha, ha. Das ist recht kurz werden Sie sagen, ich rechnete auf eine ausführlichere Beschreibung; verzeihen Sie mir ... ich kann nicht; aus Furcht sonst zu platzen vor Lachen. Meine Liebe wenn Sie uns in einem Winkel belauscht hätten, Sie hätten es nicht überlebt... Stellen Sie sich unsere Lage vor; das törichte Gesicht das wir machten als wir einander gegenübertraten.. Genug – Ich bin sicher Sie werden mit Vergnügen einiges von der Cronstettischen Stiftung hören die von seiner Kaiserlichen Majestät bestätigt, und zugleich mit einer Art Orden, oder Gnadenzeichen geehrt wurde, bestehend aus einem kleinen goldenen Stern, emailliert, mit der Inschrift: *In hoc signo salus;* und auf der anderen Seite: *Augustissimus Josephus II.,* er soll von den adligen Stiftsdamen auf der linken Brust an einem weißen, rotgeränderten Bande getragen werden. Man muß auch wissen daß Seine Majestät, indem sie die vorgenannte Stiftung unter ihren Schutz nahm, das Recht erhielt, über die ersten Gesuche zu entscheiden, jedoch mit der genauen Bestimmung, daß die Administratoren Ihr zwei Untertanen aus dieser Stadt vorgeschlagen haben, um eine von ihnen nach seinem Gutdünken zu wählen. Ferner hat man beobachtet, daß von diesen beiden Personen eine zu den reichsten unserer Stadt gehörte, um den Vorwurf zu vermeiden, wie wenn diese Stiftung nur für arme adelige Mädchen eingerichtet worden wäre, ein Gedanke, der indessen dem Gnaden- briefe für dieses Institut geradezu widerspricht, welcher nur diejenigen zuläßt, die seiner bedürfen. Meine liebe Freundin, wenn Gott uns mit so viel Reichtum bedenkt, daß wir unserm Nächsten nach unserem Tode Gutes tun können, wollen wir es anders anstellen, so daß wir versi- chert sind, man werde in der Zukunft unseren Willen tun, und nicht denjenigen der Administratoren. – Es ist kein vorteilhaftes Porträt, das Sie da von Mlle B. geben doch die daran anknüpfende Betrachtung ist um so richtiger, als sie ein gesundes moralisches Urteil über unser Ge- schlecht enthält welches regelmäßig zu dem Fehler neigt, den Sie so richtig kritisiert haben – Das vakante Bistum Worms ist nun also wieder besetzt, und Ihre Stadt wird nicht verfehlt haben ihrem neuen Oberhaupt ihre Glück- wünsche zu überbringen. Nachdem auch die unsrige sich durch eine Abordnung ihrer Verpflichtung entledigt hatte, wurde die vorher genannte nach dieser Zeremonie an die kurfürstliche Tafel selbst geladen; sobald aber einer der Rechtsgelehrten die Marschallstafel akzeptiert hat, fährt man immer fort sie dort hinzusetzen was sie zu vermei- den suchen, indem sie sich in ein Gasthaus begeben, um dort zu schmausen, auf Unkosten unserer Stadt, und wo zugleich die Trompeten, die sie von hier mitbringen, ein großes Lärmen machen, daß beinahe die ganze Stadt dort zusammenläuft. – Die Konzerte und alle die Lustbarkeiten des Winters sind zu Ende, doch ist es noch so kalt daß man diejenigen des Frühlings nicht genießen kann. Ich erwarte ihn mit Ungeduld. Ach meine Liebe wir wünschen immer etwas; und wenn wir haben, was wir so sehr begehrt, gewöhnen wir uns daran; so ist das Herz des Menschen; wir lieben die Veränderung, und es liegt nicht bei uns, uns davon zu heilen – Darf ich hoffen, Sie diese Messe hier zu sehen; wie ich mich freuen würde! Ich könnte Ihnen dann mündlich wiederholen; wie sehr ich Sie liebe; und daß ich niemals aufhören werde zu sein

Frankfurt	Die treueste
den 24. März	Ihrer
1768	Freundinnen
	C. F. C. Goethe

V

Liebenswürdige Freundin

Denken Sie nicht der tiefste Grund meines Stillschwei-
gens wäre eine Erkaltung der Freundschaft oder Nachlässigkeit, nein meine Liebe: weder zum einen noch zum
andern bin ich fähig. Unumgängliche Geschäfte nahmen
mich in Anspruch, sonst hätte ich schon die Ehre gehabt
Mlle Meixner einen Brief für Sie mitzugeben. Meine Freude dieses reizende Fräulein bei uns zu sehen, war un-
aussprechlich, ihre Gesellschaft, und die Unterhaltung
mit ihr machten allmählich den Verdruß vergessen den Ihr
Brief mir verursachte, aus dem ich ersah daß es nur bei
Ihnen gelegen hierher zu kommen. Hätten Sie nicht diese
kurze Zeit eine unangenehme Gesellschaft ertragen können, Sie die daran schon gewöhnt waren, Sie wären alle
Tage ausgegangen und ... aber wozu diese Bemerkungen,
das ist vorbei. Sie werden durch unsere liebenswürdige
Freundin von etlichen kleinen Zufällen gehört haben, die
ich sie Ihnen zu erzählen bat. Ich war so glücklich sie alle
Tage zu sehen; wir gingen zusammen spazieren auf den
Wällen, den Promenaden, auf grünenden Hügeln, wo
kleine Blumen, und Gras, von der Ankunft des Frühlings
kündeten; dort im freundlichen Schatten, auf dem Rasen
sitzend, der, stolz auf solch bezaubernde Last, vor unseren
Augen sproß und wuchs, dort plauderten wir über tau-

send Dinge; und nichts fehlte zu unserem Glücke, als Ihre Gegenwart. Indessen verloren Sie dabei nichts, Sie waren stets der Hauptgegenstand unserer Unterhaltungen; Ihr Verdienst und Ihre Reize wurden rühmend hervorgehoben, kurz ich versichere Ihnen, hätten Sie uns zugehört, Sie hätten nur sehr zufrieden sein können. A propos, meine Liebe was macht M. H.. ist er noch immer so beharrlich? Belästigt er Sie mit Briefen? Mlle Meixner hat mir einige Streiche von ihm erzählt über welche ich laut habe lachen müssen man möchte fast glauben, er ist nicht ganz richtig im Kopfe – Wie schön es jetzt hier an der Allee ist, ich bin dort recht oft, und jedesmal gibt es irgendetwas Neues zu erleben. Sie hätten vergangenen Sonntag dort sein sollen; Mlle B. kam in Tränen aufgelöst zu uns, wir wunderten uns sie in solchem Zustand an einem öffentlichen Orte zu sehen; nach tausend Fragen erfahren wir daß sie den Ring verloren hat den ihr teurer T. ihr zum Zeichen der Treue gab. Wie haben wir nicht gelacht; ich beglückwünschte sie dazu, indem ich sagte das geschehe ihr recht wegen ihrer Leichtsinnigkeit, doch sie achtete dessen wenig, und klagte nur immerzu über ihr Unglück, und das schlimme Geschick, dieses kostbare Pfand nicht sorgsamer gehütet zu haben – Ich habe Ihnen die «Briefe des Marquis de Roselle» geschickt, lesen Sie sie aufmerksam man kann großen Nutzen daraus ziehen, hier wird das Laster unter dem Schein von Tugend in seiner ganzen Gestalt gezeigt. Der Marquis der keine Weltkenntnis hat, geht dieser falschen Tugend ins Netz, und verstrickt sich dergestalt daß es große Mühe kostet ihn daraus zu befreien. Möge dies allen jungen Männern eine Lehre sein, die wie er ein redliches und lauteres Herz haben, und gar nicht ahnen welch trügerisches Spiel dieser Art Frauen mit ihnen treiben. Da liegt eine wichtige Ursache für die Verderbnis unserer Jugend, zeugt doch ein Laster das andere. Lesen Sie mehrere Male den Brief wo Mme de Ferval über die Erziehung ihrer Kinder spricht. Wenn nur alle Mütter ebenso verführen, gewiß sähe man dann nicht so viele unerträgliche Mädchen wie Sie, und auch ich, ihrer kennen – Sie werden am Cronstettischen Vermächtnis einige Zeit zu lesen haben, Sie können es bis zur nächsten Messe behalten, und dann selbst mitbringen falls es Ihnen recht ist. Zwei Fräulein aus dem Stift haben dasselbe verlassen die eine ist gestorben, die andere hat geheiratet. Man sieht daran: wie herrlich und bequem das Leben dieser Damen auch sei, der Tod kümmert sich nicht darum, und die Ehe zieht man vor. Es ist gut für sie daß der Eintritt in dieses Institut sie von letzterer nicht ausschließt, aber ich glaube auch, sonst würden nur sehr wenige eintreten, es sei denn, das Alter verböte ihnen an Ehe zu denken – Grüßen Sie Mlle Meixner, Mlle Hafner, und ihr Fräulein Schwester, sagen Sie ersterer daß viele in unserer Stadt es sehr bedauert haben sie so früh abreisen zu sehen; daran ist nichts Verwunderliches, schätzt doch ein jeder Schönheit und Verdienst. Leben Sie wohl.

Fran[k]furt den 14 Mai
1768   C. F. C. Goethe

VI

Meine reizende Cousine,

Mit unendlichem Vergnügen, greife ich zur Feder, um mich mit Ihnen zu unterhalten. Wie angenehm sind doch die Bande der Freundschaft, ich glaube mich nicht zu täuschen wenn ich sage, daß sie ebensoviele Reize haben wie diejenigen der Liebe.

Wenigstens versichere ich Sie, daß ich Ihren Brief mit großer Ungeduld erwartete, da zwei Monate verstrichen waren ohne daß ich von Ihnen hörte. Ich bildete mir schon ein Ihnen könnte vielleicht etwas Verdrießliches zugestoßen sein. Endlich sehe ich ihn diesen so ersehnten Brief, ich küsse, öffne, lese ihn, ich entnehme ihm daß Sie mich immer noch gern haben, und nun ist all mein Warten belohnt, denn was kann ich mehr wünschen – Ich freue mich recht daß Sie so viel Vergnügen am Spazierengehen haben, mir geht es ganz ebenso meine Liebe, besonders weil ich innerer Ruhe genieße ist es mir ein Gewinn. Welch ein Unterschied zwischen meinem gegenwärtigen Zustande, und demjenigen vergangenen Winters, wo ich die grausamsten Qualen litt, welche Sorgen, welche Unruhe. Jetzt da ich gelassen daran zurückdenke, erkenne ich in welch großer Verwirrung ich war, ich erröte bei dem Gedanken daß ich auch nur den Wunsch hegen konnte ... So sind wir, wenn die Leidenschaft uns blendet, wir sehen nicht, der

Verstand ist unterjocht, man denkt nicht an die Zukunft, all unsere Aussichten sind heiter, wir atmen nur Wonne. Doch wenn wir wieder zu uns kommen, wenn wir nachdenken; was bleibt dann? Ein eitles Blendwerk, ein bloßes Hirngespinst von Glück, manchmal sogar gerade das Gegenteil von dem was wir uns vorgestellt hatten. Ach warum wird man erst durch eigene Erfahrung klug. – Ich glaube daß Mlle H. von der Sie in Ihrem Brief sprechen, bald den Fehler ablegen wird dessen Sie sie zeihen; auch stelle ich mir vor daß die Erziehung mehr Schuld daran trägt als ihr eigenes Herz. Versuchen Sie unterdessen ihr ihren lächerlichen Gegenstand auszureden; sie wird Ihnen eines Tages Dank dafür wissen; ich kenne Beispiele – In meinem letzten Briefe meldete ich Ihnen daß eines der Fräulein aus dem Cronstettischen Stift dasselbe verlassen hatte um sich zu verheiraten; denken Sie nur was ihr zustieß. Wenige Tage nach der Verlobung, tat sie einen Sturz, sei es wegen ihrer Schwäche oder aus Unachtsamkeit, genug sie verlor völlig das Bewußtsein; man trug sie zu Bette, und nachdem sie zwei Tage ohne jegliches Lebenszeichen dort verbracht, kam sie wieder zu sich, ließ aber wenn auch nur geringe Anzeichen geistiger Verwirrung erkennen. Dieses hinderte ihren Gatten nicht sich mit ihr zu vermählen obgleich die Trauung am Bette stattfand. Hernach brachte man sie in das Haus ihres Mannes wo sie einige Tage blieb, als ihre Krankheit plötzlich in Melancholie ausartete. Ihr Mann wurde ihr unerträglich, sie wollte nicht mehr bei ihm bleiben, und ging zurück zu ihren Eltern. Mittlerweile begehrten die beiden Neuvermählten die förmliche Trennung, als die Schwermut von der Gattin wich, und sie wieder ganz genas. Sie ist jetzt sehr vergnügt bei ihrem Manne was mehrere Personen bezeugt haben, obgleich die Leute anders darüber sprechen. Sie können sich nicht vorstellen was für ein Aufsehen diese verdrießliche Geschichte in unserer Stadt gemacht hat; und die Lügen die erfunden wurden, als unfehlbare Folgen bei derartigen Gelegenheiten, wo man sich nicht damit begnügt die Wahrheit zu sagen. – Sie fragen mich wie ich des M. Hallungius' Meinung über das Herzchen finde, und ich versichere Ihnen daß sie mir sehr lustig und von recht gutem Geschmack erschienen ist; ich wünsche diesem neuen Cousin lange und vollkommenste Gesundheit; denn ich höre von Ihnen daß er krank gewesen – Ich habe Ihnen noch nicht gemeldet, daß ich an der Allee Brunnen trinke; wir haben da eine ganz reizende Gesellschaft von Damen und Herren, deren liebenswürdigster Herr Doktor Kölbele ist, den Sie von seiner Lobrede auf den Ehestand kennen die er einmal in Ihrer Gegenwart hielt; er verglich, uns Frauen, mit Hühnern. Jetzt gibt er uns Unterricht in der Moralphilosophie. Doch nichts ist lustiger als wenn er sich in der Galanterie üben will die bei ihm schon lange eingeschlafen. Unsere Damen welche die lustigsten von der Welt sind, bringen sie ihm wieder bei. Sie lassen sich von ihm führen, den Sonnenschirm tragen, ihre Gläser füllen pp. ach meine Liebe das alles vollführt er mit so neumodischen Gebärden, daß man meinen könnte er käme geradewegs aus Paris. Wir haben auch Musik, zusammengestellt aus zehn Instrumenten, nämlich Jagdhörnern, Oboen, Flöten, einer Viola und einer Harfe. Sie können sich vorstellen welch schöne Wirkung das im Grünen macht. Wir singen auch oft unserm liebenswürdigen Doktor zu Gefallen, denn ob er gleich sehr ernsthaft ist, sieht er die Jugend doch gern fröhlich. «Es war einmal ein Hagenstolz», dieses Lied würde gut auf ihn passen, er hat es sogar mit großem Vergnügen angehört. Bisher hatten wir sehr schlechtes Wetter, so daß wir gezwungen waren mit dem Regenschirm spazierenzugehen das war weder für die Reben noch für uns gut, doch seit einigen Tagen ist paradiesisches, und segensreiches Wetter. – Sagen Sie mir Ihre Meinung über den Amtsantritt Ihres neuen Kurfürsten. Ich will nicht wissen was die Zeitung darüber sagt, sondern Ihre Betrachtungen über diesen Gegenstand werden mich recht erfreuen. – Viele Küsse habe ich Ihnen zu geben von Mlle Runkel; sie läßt ihnen sagen daß als sie neulich im Garten von M. Glötzel war, Ihr entzückendes Fräulein Cousine hinzukam, sie beteuerte große Lust zum Tanzen zu haben und wollte es tun wenn sie nur von dem geringsten Musikanten begleitet würde. Sie wissen meine Liebe wie es damit bestellt ist, jedoch geprahlt wurde um desto mehr. So trieb sie es eine ganze Weile, als die Herren es endlich müde wurden vom Tanzen nur reden zu hören, und Schlicht riefen der zum Glück vorbeikam. Die ganze Versammlung freute sich darüber, weil sie glaubte sie werde nun Wunderdinge sehen. Aber was denken Sie wie sie sich aufführte? Jetzt da sie ihre Worte wahrmachen sollte wollte sie eigentlich nicht; zwanzig Entschuldigungen wurden vorgebracht; die ihr aber nichts nützten; man nötigte sie ein Menuett zu tanzen, was sie so widerwillig tat, daß keiner klatschen wollte, als es zu Ende war – Denken Sie nur meine Liebe, ich habe unter der Hand erfahren daß der Barmherzige mit einem Eifer sondergleichen versucht, uns zusammen anzutreffen, die R. und mich, um ihr zu sagen daß sie das niederträchtigste Geschöpf sei, und sie zu zwingen in meiner Gegenwart die Wahrheit zu gestehen. Ich weiß nicht aus welchem Grunde er jetzt von neuem anfängt, hat er mir doch, vor fünf Monaten gelobt, niemals mehr davon zu sprechen. Jedenfalls bin ich in großer Unruhe, weil sie sich jetzt um meine Gewogenheit bemüht und mir überall den Hof macht, so ist es nicht schwierig uns abzupassen. Deshalb sehe ich ihn auch oft bei den Promenaden umherschleichen, um eine günstige Gelegenheit zu erspähen, aber ich werde ihn davor zu bewahren wissen – Eine der galantesten Fräulein unserer Stadt liegt jetzt in den Wochen, wozu sie sich in der Hoffnung auf eine Heirat verleiten ließ. Von seiten des Publikums ist man sehr gespannt, ob sie ihr Ziel erreicht, denn sie hat vor dem Kirchenrat einen Prozeß gegen ihren mutmaßlichen Liebhaber eingeleitet. Diese Affaire verursacht hier viel Aufsehen – Küssen Sie Mlle Meixner und Ihre liebe Schwester von mir, und halten Sie mich immer für

Frankfurt
den 28. Juli
1768.

Ihre
getreue Freundin
C. F. C. Goethe.

VII

Meine teuerste Freundin

Ich hätte schon längst auf Ihren liebenswürdigen Brief geantwortet wenn ich nicht durch mehrere unumgängliche Geschäfte wäre verhindert gewesen. Sie sind so gut daß Sie mich immer noch lieben, obschon ich Ihnen sehr wenig Veranlassung dazu gebe; aber meine Liebe, seien Sie versichert, daß nicht ein einziger Tag vergeht ohne daß ich an Sie denke. Die neuerliche Erkrankung meines Bruders erlaubt ihm nicht Ihnen zu schreiben; er ist sehr betrübt darüber, und hat mir aufgetragen ihn zu entschuldigen; und er werde sobald er wiederhergestellt sei, die Ehre haben einen Brief zu beantworten der ihm so viel Vergnügen bereitet hat. Seine Hoffnung Sie nächste Messe persönlich kennenzulernen, trägt nicht wenig zu seiner Genesung bei. Ich für mein Teil meine Liebe zähle die Tage bis wir uns wiedersehen, die Zeit ist nicht mehr allzu fern, und wenn Sie genau so ungeduldig sind wie ich, rücken Sie Ihre Abreise um einige Wochen vor. Dann meine liebenswürdige Freundin werde ich Ihnen all das sagen, was auszusprechen mir jetzt unmöglich ist. Bitte machen sie meine Hoffnungen nicht zunichte, denn ich versichere Ihnen daß ich kein Wort mehr schreiben werde bis ich Sie gesehen habe. Adieu meine Gute, zählen Sie auf die Liebe

derjenigen die sich mit der vollkommensten Aufrich-
tigkeit nennt

Frankfurt
den 3. Febr.   Die Ihrige
    1769.   C. F. C. Goethe

Ma très chère Amie

J'aurois depuis longtems répondu a Votre aimable lettre
si je n'avois été empeché par plusieurs affaires indis-
pensables. Vous êtes si bonne que de m'aimer toujours,
quoique je Vous en donne très peu l'occasion; mais
ma chère soeur aussi qu'il ne passe pas un seul jour
sans que je pense a Vous. La maladie retirée de mon
frère ne lui permet pas de Vous écrire, il en est très
faché, et m'a chargé de l'excuser, et qui aussitôt qu'il
sera rétabli, il aura l'honneur de répondre a une lettre
qui lui a causé beaucoup de plaisir. L'espérance
qu'il a de Vous connoître de personne la fonte prochaine

me inquietude que moi, vous avancerez votre depart
de quelques semaines. C'est alors mon aimable Ami
que je voudrai tout ce qui m'est impossible d'ex-
primer maintenant. J'anéantirez pas mes espe-
rances je vous prie, car je vous assure que je n'ecri-
vai plus le mot que j'aime vous avoir ecrit. Adieu
ma bonne, comptez sur l'amour de celle qui se
nomme avec la plus parfaite sincérité

La Votre
C. H. Goethe

Francfort
ce 3me Fevr.
1769

CORRESPONDANCE SECRETE
TAGEBUCH FÜR KATHARINA FABRICIUS

16. OKTOBER 1768 BIS 16. AUGUST 1769

1)

Dimanche matin
a 8 heures ce 16. Oct.

Ma chere Amie

J'ai dans ce moment tant d'envie d'ecrire, et tout
le monde est a l'eglise, de sorte que je puis le
faire sans etre interrompue, car personne chez
moi ne doit rien savoir de cette lettre. Il y a
longtems que j'ai voulu commencer cette correspondance secrette, par laquelle je vous apprendrai
tout ce qui se passe ici, mais pour dire la verité
j'ai toujours eu honte de vous importuner avec
des bagatelles qui ne valent pas la peine qu'on
les lise, et qui ne sont interressantes que pour
les personnes qu'elles regardent immediatement.
Enfin j'ai vaincu ce scrupule, en lisant l'histoi-
re de Sir Charles Grandison, je donnerois tout au
monde pour pouvoir parvenir dans plusieurs
années a imiter tant soit peu l'excellente Miss
Byron. L'imiter? folle que je suis, le puis-je?
Je m'estimerois assez heureuse d'avoir la vingtieme

16. - 22. OKTOBER 1768

Sonntag morgen
um 8 Uhr den 16. Okt.

Meine liebe Freundin

Ich habe in diesem Augenblick solche Lust zu schreiben, und alle sind in der Kirche, so daß ich es tun kann
ohne unterbrochen zu werden, denn niemand im Hause
darf etwas von diesem Brief wissen. Schon lange habe ich
diesen geheimen Briefwechsel beginnen wollen, mittels
dessen ich Ihnen alles berichtenwill was hier vorgeht; aber
die Wahrheit zu sagen ich habe mich immer geschämt Sie
mit Lappalien zu belästigen die zu lesen sich nicht lohnt,
und die nur für Personen interessant sind welche sie
unmittelbar angehen. Zuletzt habe ich diese Bedenklich-
keit überwunden, als ich die Geschichte von Sir Charles
Grandison las, ich gäbe alles in der Welt darum wenn es
mir in einigen Jahren gelänge der vortrefflichen Miss Byron auch nur ein ganz klein wenig ähnlich zu werden. Ihr
ähnlich werden? Närrin die ich bin; kann ich es? Glücklich
genug würde ich mich schätzen, hätte ich nur den zwan-
zigsten Teil von dem Geiste, und der Schönheit, dieser
bewunderungswürdigen Frau, denn alsdann wäre ich ein
liebenswertes Mädchen; dieser Wunsch beseelt mich Tag

und Nacht. Ich wäre zu tadeln, wünschte ich eine große Schönheit zu sein; nur etwas feinere Züge, ein glatter Teint, und dann diese sanfte Anmut die auf den ersten Blick bezaubert; das ist alles. Doch ist es nicht so, und wird niemals so sein, was ich auch tun, und wünschen mag; deshalb wird es besser sein, den Geist auszubilden und zu versuchen wenigstens von jener Seite erträglich zu sein – Welch ein vortrefflicher Mann, dieser Sir Charles Grandison; schade daß es keinen mehr gibt wie ihn auf dieser Welt. Er war Engländer meine Liebe; und wenn ich glauben darf, daß es noch jemanden gibt der ihm gleicht, muß er von dieser Nation sein. Ich habe eine außerordentliche Vorliebe für diese Menschen, sie sind so liebenswürdig und zugleich so ernsthaft, daß man von ihnen schlechterdings entzückt sein muß ... Halt ich muß mir jetzt das Haar richten vielleicht kann ich nach Mittag weiterschreiben.

Nach Mittag um 2 Uhr.

Ich komme soeben von Tische; und ich habe mich fortgestohlen um Sie ein wenig zu unterhalten; Sie dürfen in diesen Briefen nichts Vorbedachtes erwarten, es spricht das Herz, und nicht der Verstand. Ich möchte Ihnen gern etwas sagen, meine liebe Katharina und doch fürchte ich ... aber nein Sie werden mir verzeihen, sind wir nicht alle miteinander anfällig für Schwachheiten. Hier ist ein junger Engländer, den ich sehr bewundere, fürchten Sie nichts mein Kind, nicht Liebe ist es, es ist reine Achtung die ich für ihn hege, wegen seiner edlen Eigenschaften, es ist nicht jener Lord von dem Mlle Meixner Ihnen gewiß erzählt hat, das ist ein unverschä .... st st, er ist gleichfalls Engländer und liebe ich denn nicht die ganze Nation, um meines einzig liebenswürdigen Harrys willen. Wenn Sie ihn nur sehen könnten, diese offenen, sanften Züge, und doch so geistvoll und lebhaft im Ausdruck. Sein Betragen ist so verbindlich und höflich, er hat einen bewunderungswürdigen Witz, kurz er ist der charmanteste junge Mann den ich je gesehen. Und, und, ach meine Liebe er reist in vierzehn Tagen ab; ich bin sehr betrübt deswegen, ob es schon kein Schmerz ist, gleich jenem wenn man liebt. Ich hätte gewünscht in derselben Stadt zu leben wie er, um ihn allzeit sprechen und sehen zu können; nie hätte ich einen anderen Gedanken gehabt; der Himmel weiß es, und es ist ... aber ich werde ihn verlieren, werde ihn nicht mehr wiedersehen. Nein nein ich kann ihn nicht völlig aufgeben, ich trage mich mit einem Gedanken, der sich wird ausführen lassen; es muß sein, ja, wahrhaftig. Ich werde Ihnen alles sagen, verurteilen Sie mich, doch wenn Sie das menschliche Herz kennen, werden Sie es gewiß nicht tun. Ich muß abermals aufhören, weil meine Zeit sehr knapp ist; ich besuche heute nachmittag Mlle de Sosure; Sie kennen sie; ich bliebe lieber zu Hause und plauderte mit Ihnen; aber es ist nicht möglich. Leben Sie wohl. Vielleicht werde ich ihn sehen. Ach mein Herz!

Montag nach dem Essen
um 2 Uhr.

Jetzt will ich Ihnen von dem Plan erzählen den ich mache. Ich habe diesen Sommer einen jungen Maler aus Paris kennenlernen, der sehr geschickt in der Miniatur ist. Er war mehrere Male bei uns, und zeigte mir einige Porträte die er ohne Wissen der Vorbilder selbst gemacht hatte. Ich sagte ihm daß ich mich freuen würde wenn er mir eine bestimmte Person gerade ebenso malen wollte. Er war sogleich einverstanden, und wir begannen augenblicklich unsere Anstalten zu treffen deren mehrere uns mißglückten; zuletzt wurde vereinbart daß ich nächsten Sonntag Konzert haben soll. Harry wird eingeladen weil er vortrefflich Violine spielt; und der Maler wird kommen meinem Bruder einen Besuch zu machen, und er wird so tun als ob er nicht wüßte daß wir eine Gesellschaft haben. So wird man es recht geschickt einrichten, und just wenn der liebenswürdigste der Männer auf seinem Instrumente spielt – Ich verliere den Verstand meine Liebe.

Dienstag um 3 Uhr.

Da ich es nun einmal ganz heimlich tun muß, kann ich nicht so viel schreiben wie ich gern möchte; muß ich doch jeden Augenblick fürchten ertappt zu werden. Sie können sich wohl denken daß mir das unangenehm wäre. Über allen den Narrheiten mit denen ich Sie unterhalte vergesse ich beinahe Ihnen zu erzählen, daß ich vergangene Woche endlich Besuch von Ihrem Fräulein Schwester und der liebenswürdigen Mlle Bauman bekam, deren Kopfputz einer Pyramide glich, oder besser einem Rhinozeros; das arme Mädchen hatte Zahnschmerzen; und betrug sich wie immer, recht mittelmäßig; besonders nahm sie als mein Bruder hereinkam eine dieser Mienen an, die Sie kennen; das Haupt erhoben und die Augen gesenkt; und sprach kein Wort. Wohingegen Ihr Fräulein Schwester sich sehr verständig aufführte, so daß sie den Beifall meines Bruders fand, der sich jedoch viel mehr freuen würde Sie hier zu sehen. Er weiß gar nichts davon daß ich Ihnen schreibe, denn er würde es nicht leiden, nennt er sich doch meinen Sekretär wenn es sich um Sie handelt. Sagen Sie wie dachten Sie über seinen letzten Brief? Ist er nicht ein gar kühner und verwegener Mensch, da sogleich Ihre Gunst gewinnen zu wollen. Er bewundert Sie auf das äußerste seit er einige von Ihren Briefen gelesen hat; und er scheint zu wünschen unter meinem Namen in einen Briefwechsel mit Ihnen zu treten – Jetzt muß ich Ihnen etwas von der kleinen Runkel erzählen, denken Sie nur meine Liebe seit einiger Zeit macht ihr ein sehr reicher Kaufmann aus unserer Stadt den Hof, der nahe an 50 ist und seit einigen Jahren Witwer. Sie glaubt er werde sie heiraten, und über dieser Vorstellung, wird sie so unverschämt, daß man sie unmöglich ertragen kann. Hätten Sie das von diesem armen kleinen Mädchen vermuten können, das nach dem Tode ihres Vaters nichts zum Leben hatte; und wenn der älteste Sohn nicht in dessen Stellung hätte nachrücken können, wäre die ganze Familie an den Bettelstab gekommen. Doch das ist vorbei, und jetzt spielt sie die große Dame. Nur einen Streich will ich Ihnen erzählen von welchem Sie auf die übrigen schließen können. Gewiß wird auch bei Ihnen bekannt sein, daß es vor vierzehn Tagen in Darmstadt große Feierlichkeiten gab, anläßlich einiger Hochzeiten die dort stattfanden. Der Stallmeister welcher der größte Dummkopf von der Welt ist wollte sich da mit seinem Fräulein Schwester und ihrem zukünftigen Gatten zeigen; also fuhren sie alle drei im Phaeton hin. Dieses Mal kleidete sich Mlle Lisette ganz in Schwarz, ein großes dominoartiges Schleppkleid, mit fleischfarbenem Band besetzt. Ihren Kopf zierte ein kleiner Hut von weißen Federn. Sie wurde von allen bewundert, und der Erbprinz, weil er wissen wollte wer diese schöne Dame sei, ließ sie durch einen Kavalier bitten sich zu demaskieren, damit er sehen könne ob ihr Antlitz ihrer unvergleichlichen Gestalt gleichkäme. Sie entschuldigte sich damit daß niemand seine Maske abnehme, und es sich daher nicht schicke wenn sie allein es tue. Da der Prinz nicht weiter insistierte, blieb es für diesen Tag dabei. Die folgende Woche gab es wieder einen Ball; und unsere drei reizenden Freunde fanden sich von neuem ein, die Dame als Venetianerin gekleidet; ein silbern gefütterter Rock aus blauem Atlas, ein Mieder von gleicher Farbe und ein Obergewand von karmesinrotem Atlas, das ganze besetzt mit braunem Pelz und silbernen Spitzen. Ihr Haar hing lose herab, es war nach römischer Art geknotet und mit Perlen und Diamanten durchflochten. Auf der Mitte des Kopfes war weißer Krepp befestigt, der bis zur Taille herabhing; und von dort zum Boden, wobei er in der Mitte mit einer reichen Silberschärpe zusammengehalten wurde. Was sagen Sie zu diesem Pomp? Morgen schreibe ich weiter.

Mittwoch den 19. Oktb.

Es ist etwas kalt hier in meinem Zimmer, jedoch habe ich keinen anderen Platz um Ihnen die Fortsetzung dessen zu erzählen was ich gestern begann. Hören Sie aufmerksam zu. Als Madame Lisette in ihrem vollen Putz den Ballsaal betrat, hörten alle auf zu tanzen, man umdrängte sie um sie zu besehen; die Prinzen waren wie angewurzelt stehengeblieben, im Zweifel ob dies eine Göttin, oder wirklich eine Sterbliche sei. Die Prinzessinnen blickten einander an, und sagten es sei gewiß eine Dame von hohem Stande, man sehe es an ihrer majestätischen Haltung, ihrer Kleidung; und an der Pracht ihrer Diamanten. Zuletzt brach der alte Landgraf, der jetzt vielleicht im Himmel ist, das bewundernde Schweigen, und befahl dem jungen Prinzen Georg, diese bezaubernde Dame zum Menuett aufzufordern; er kam mit unsicheren Schritten; doch als er all diesen Liebreiz aus der Nähe sah, wurde er von einem unwiderstehlichen Pfeile durchbohrt, und verlor vollends das wenige an Fassung das ihm noch geblieben. Mademoiselle Lisette war entzückt von der Miene des Prinzen, und mehr noch von der Schönheit seiner Gestalt; sie bemerkte den Eindruck den ihre Reize

auf sein Herz gemacht hatten, und durch eine wechselseitige Sympathie faßte sie augenblicklich eine zärtliche
Neigung zu ihm die allein der Tod wird besiegen können.
Als der Landgraf die Verwirrung dieser beiden liebenswürdigen jungen Menschen sah, schickte er einen anderen Prinzen; doch da bemerkte der erste seinen Fehler,
ergriff rasch die Hand der Dame und befahl den Musikanten ein Menuett. Nun waren die Zuschauer in Unge-
wißheit, denn niemand tanzte außer diesen beiden, die
andern hatten Spalier gebildet, und ein jeder schien bemüht den Atem anzuhalten um sie nicht zu stören.
Manchmal hörte man jedoch ganz leise sagen: Sie tanzt
wie ein Engel. Einer rief aus: Welch ein Wuchs. Der andere: Welch reizende Haltung; und der dritte ließ sich ver-
nehmen noch niemals habe er so viel Schönheit vereint
gesehen. Als schließlich das Menuett zu Ende war, bilde-
ten die Prinzen und Prinzessinnen einen Kreis um sie um
sie nach ihrer Bequemlichkeit zu betrachten, und versi-
cherten sie sei die reizendste Maske auf dem ganzen Ball.
Die Erbprinzessin trat vor, ergriff ihre beiden Hände und
sprach mit leutseligem Lächeln: Mademoiselle Sie sind
sehr liebenswürdig: Das arme Mädchen war zu bestürzt,
um anders, als mit einem Hofknicks antworten zu können, auch hätte das wenige Französisch das sie kann nicht
ausgereicht in gebührender Weise mit einer Dame solchen
Ranges zu sprechen. Wenn ich Ihnen noch alle die Ehren-
bezeigungen aufzählen wollte die Mlle Lisette an jenem
Abend erfuhr, würde ich einige Bogen Papier füllen, wozu
ich indessen bei einem solchen Gegenstand keine Lust

habe. Es genügt wenn Sie wissen daß der junge Prinz Georg nicht von ihrer Seite wich; sie durfte nur noch mit ihm tanzen, und wenn einer seiner jüngeren Brüder sie zu einem Kontretanz auffordern wollte, befahl er ihm sich zurückzuziehen mit den Worten: Was haben Sie hier zu suchen? Kommen Sie nicht näher sag ich – Mlle Lisettes Schmerz über den Tod des Herrn Landgrafen ist gar tief, denn sie wollte morgen in großer Pracht wieder auf einem anderen Ball erscheinen welcher dort hat stattfinden sollen.

Donnerstag morgen um 11 Uhr

Heute halten wir unsere Weinlese, so kann ich Ihnen nicht viel schreiben. Es ist äußerst kalt, und dennoch will ich heute nachmittag spazierengehen, allein wenn Sie meine Kleidung sähen wären Sie sicher daß die Kälte nicht durchdringen kann. Drei Wollröcke, ein Kleid, drei Halstücher, ein Radmantel, ein mit Atlas gefütterter Umhang und ein Muff. Könnte man nicht nach Sibirien reisen in all diesem Staat? Wir werden etliche Besuche machen, mein Bruder, und ich,wir setzen über den Main, um meinen Onkel zu besuchen der gleich auf der andern Seite einen Garten hat; alsdann machen wir noch einen langen Fußmarsch, was unserer Gesundheit sehr zuträglich sein wird, denn ich muß Ihnen im Vertrauen sagen, wir sind beide nicht wohl, aber das wird vorübergehen. Adieu meine Liebe.

Freitag nach dem Essen.

Eben erhalte ich Ihren reizenden Brief, werde aber nichts darauf antworten, weil ich diese Besorgung meinem Sekretär oder einer förmlichen Antwort überlasse; nur bitte ich, machen Sie mich nicht mehr schamrot durch ihre Lobeserhebungen, die ich in keiner Weise verdiene. Wenn nicht Sie es wären meine Liebe wäre ich etwas pikiert gewesen über das was Sie zu meinem Äußeren sagen, denn alsdann könnte ich es für Satire halten, aber ich weiß daß es die Güte Ihres Herzens ist, die von Ihnen fordert mich so zu betrachten. Doch mein Spiegel betrügt mich nicht, wenn er mir sagt daß ich zusehends häßlicher werde. Das sind keine Redensarten, mein liebes Kind; ich spreche aus tiefstem Herzen, und ich gestehe Ihnen auch daß mich das manchmal tief schmerzt; und daß ich alles auf der Welt darum gäbe schön zu sein, besonders nächsten Sonntag – vergeben Sie mir – je näher dieser ersehnte Tag rückt, um so heftiger pocht mein Herz. Ich werde ihn also sehen! – Ich werde ihn sprechen – Aber was nützt mir das? – Je nun Närrin; sollst du ihn dann nicht für immer haben – wenigstens sein Bild; und was verlangst du mehr? Ach meine Liebe ich bin voller Freude; Sie sollen eine Kopie davon haben, gewiß werden Sie mir nicht unrecht geben daß ich ihn liebe – Was habe ich gesagt? Soll ich dieses Wort streichen? Nein ich lasse es stehen, um Ihnen meine ganze Schwäche zu offenbaren. Verurteilen Sie mich – Heute höre ich nur auf die Freude, ich tanze durch das ganze Haus; ob mir gleich manchmal eine innere Stimme sagt ich solle mich mäßigen, und es könnten noch

52

etliche Hindernisse auftauchen. Aber ich höre nicht darauf; indem ich sogleich ausrufe: Es muß –

Samstag morgen um 10 Uhr
den 22. Oktb. 1768.

Diesen Augenblick habe ich meinen Bedienten geschickt die Damen einzuladen, ich fürchte seine Rückkehr, und doch wünsche ich sie herbei; denn alles hängt von jenen ab. Ein Traum den ich diese Nacht gehabt beunruhigt mich. Ich hörte eine Stimme sagen: Du wirst ihn nicht mehr sehen! – Ach meine Liebe was soll ich tun? Der Diener ist zurück; und die Damen kommen nicht – Unglückliche – alles ist aus. Das ist nun die Strafe für meinen Hochmut. – Es muß sein – wohl hatte ich Ursache das zu sagen – Haben Sie Mitleid mit mir – Ich bin in einem erbarmungswürdigen Zustande – Es ist mir unmöglich fortzufahren – Verzeihen Sie mir all diese Narrheiten – Schreiben Sie mir nur ein paar Zeilen die mir sagen daß Sie mich verurteilen. Richten Sie sie an Ihre Fräulein Schwester die sie mir heimlich geben soll. Niemand darf sie sehen – Bewahren Sie diesen Brief gut, daß niemand ihn sieht, der ihn nicht sehen darf. Behalten Sie mich immer lieb. Adieu

G. C.

25. OKTOBER - 2. NOVEMBER 1768

Dienstag,
den 25. Oktb. 1768

Meine vielgeliebte Freundin

Der Schluß meines letzten Briefes, war recht verworren,
verzeihen Sie mir, ich wußte nicht was ich sagte, eine
plötzliche Erregung bemächtigte sich damals meiner Seele. Manchmal erstaune ich über mich selbst; ich habe so
starke Leidenschaften daß ich sogleich zum Äußersten
getrieben werde; allein es dauert nicht lange, und das ist
ein großes Glück für mich, denn ich könnte es unmöglich
ertragen. Für den Augenblick bin ich ziemlich ruhig, in
der Hoffnung daß in fünf Tagen wieder ein Sonntag ist –
schweigen wir, denn ich fürchte wenn es uns noch einmal
mißlingt, wird man Ursache haben sich über unsere Pläne
lustig zu machen. Sie täten es gewiß nicht wahr meine
Liebe? Und ich verdiente es. Wenn er diese Woche abreist
.... geben wir einer so abscheulichen Vorstellung keinen
Raum allein der Gedanke macht mich schaudern – Und
kann ich also von diesem Gegenstand nicht lassen, ob ich
es mir gleich vorgenommen habe; Sie sehen es mein Kind;
und mir ist als hörte ich Sie sagen, wenn ich nichts anderes
weiß soll ich ganz aufhören. Das werde ich auch, aber

2)   Mardi ce 25 Octb.
                                              1768
     Ma bien aimée Amie

La fin de ma derniere lettre, etoit tres confuse,
pardonnés le moi, je ne savois ce que je disois, et
une sorte de saisissement s'empara alors de mon
ame. Je m'etonne quelquefois de moi meme, j'ai
des passions si fortes, que d'abord je suis portée
a l'excès; mais ça ne dure pas longtems, et c'est
la un grand bonheur pour moi, car il n'y auroit
pas le moyen d'y subsister. Pour maintenant je
suis assés tranquille, esperant que dans cinq jours
il y aura encore un Dimanche — taisons nous
de peur que si nous manquons encore une fois,
on aura sujet de se moquer de nos desseins. Vous
le feriés surement n'est ce pas ma chere? et je le
meriterois. S'il part dans cette semaine . . . . ne
donnons point de lieu a une Idée si choquante
la seule pensée me fait fremir — Et ne puis je
donc pas quitter ce sujet, quoique je me le sois
proposé; vous le voyés mon enfant, et je crois vous
entendre dire que si je ne sai rien d'autre je dois

vorher noch ein Wort über Mlle Meixner. Sie können ihr alle diese Briefe zeigen wenn Sie es für passend halten, sagen Sie ihr daß ich ihr noch eine Antwort auf ihr Kompliment schuldig bin, daß sie mich aber entschuldigen muß, da ich einmal jenen Ton nicht mag. Sagen Sie ihr außerdem daß ich diese langweiligen Berichte voller Ungereimtheiten – denn ich bin sicher daß Sie sie so empfinden – ebenso für sie wie für Sie schreibe. Ich will mich glücklich genug schätzen, wenn Sie mir nach flüchtigem Durchlesen, verzeihen, und mich bedauern möchten – Ich habe Ihr Fräulein Schwester seither nicht mehr gesehen, obwohl ich sie gebeten habe mich zu besuchen wann immer es ihr gefällt, ohne die reizende Cousine. Vielleicht wird ihr das nicht erlaubt; Sie kennen ja die Denkungsart dieser liebenswürdigen Personen. Es verdrießt mich Ihres Fräulein Schwesters wegen; man könnte diesem lieben Mädchen Vergnügungen aller Art verschaffen, allein, mit dieser Cousine ist alles verdorben. Leben Sie wohl, ich verlasse Sie jetzt, auf Wiedersehen.

Mittwoch den 26. Oktbr.
um 2 Uhr nach dem Essen

Diesen Augenblick ist mein Bruder fort, zwei junge Herren von Stande zu besuchen, die aus Leipzig kommen, wo er sie hat kennenlernen. Ich bat ihn sie mir zu beschreiben was er mit Vergnügen getan hat. Der ältere Herr von Oldroqq sagte er, ist ungefähr 26 Jahre alt, von schöner Gestalt, aber wenig schmeichelhaften Gesichtszügen; er hat viel Witz, spricht wenig, doch alles was er sagt, zeugt von der Größe seiner Seele, und seiner hohen Urteilskraft; in Gesellschaft ist er sehr angenehm; von größter Höflichkeit, und mit Nachsicht erträgt er Personen von geringerem Verdienste, kurz er besitzt alle Eigenschaften die erforderlich sind um einen Kavalier liebenswürdig zu machen – Sein Bruder mag zwanzig Jahre alt sein, von kleinerem Wuchs als der ältere, doch sind seine Züge von bezaubernder Schönheit, wie ihr Mädchen es gerne seht; er ist sehr viel lebhafter als der andere, spricht oft, wenngleich manchmal zu ungelegener Zeit, er hat einen liebenswürdigen Charakter, dabei viel Feuer, was ihm recht gut steht; noch ein wenig Unbesonnenheit, allein das macht nichts. Für dich genügt es zu wissen daß sie die vornehmsten Kavaliere unserer ganzen Akademie waren – Ich bin entzückt von dieser Beschreibung, Sie nicht auch meine Liebe denn ich versichere Ihnen daß jemand ein sehr verdienstvoller Mensch sein muß wenn mein Bruder ihn lobt –

um sechs Uhr abends

Er ist zurück, denken Sie mein Kind, morgen kommen sie zu uns; ich bin neugierig sie zu sehen, doch schäme ich mich, mich Ihnen zu zeigen. Das ist eine meiner großen Schwachheiten, muß ich gestehen; Sie kennen meine Meinung darüber, und Sie werden mir verzeihen wenn ich schamrot werde bei dem Gedanken, mich vor Personen von solchem Verdienst sehen zu lassen, eine so demütigende, und so wenig ansehungswürdige Gestalt. Es ist ein unschuldiges Verlangen gefallen zu wollen, ich wünsche nichts – Ach meine Liebe sähen Sie die Tränen – nein nein ich weine nicht, es ist nur – es ist nichts –

Donnerstag um 10 Uhr morgens.

Könnte ich den gegenwärtigen Zustand meiner Seele vor Ihnen ausbreiten ich wäre glücklich, wenigstens verstünde ich dann was in mir vorgeht. Tausend demütigende Vorstellungen, tausend halb ausgesprochene Wünsche, die ich im selben Augenblick zurückweise. Ich möchte – doch nein ich möchte nichts – Ich beneide Sie fast meine Liebe, um die Ruhe die Sie genießen, weil Sie zufrieden sind mit sich selbst, wozu Sie Ursache haben; während ich – ich kann nicht weiterschreiben –

um zwei Uhr nachmittags –

Was soll ich tun? Ich habe mich angekleidet um auszugehen, und ich habe nicht den Mut dazu. Ich will weggehen; es ist mir unmöglich sie zu sehen; sehen Sie die Närrin wie ihr das Herz pocht. Zwanzigmal ging es die Treppe hinunter, und ebensooft wieder zurück in mein Zimmer. Mein Bruder hat mich gefragt ob ich heute ausginge, und ich habe ihm geantwortet ja, so kann ich nicht

zurück – Adieu ich gehe zum letzten Mal, fassen wir uns
ein Herz, schnell, nicht lange gefackelt; bin ich nicht recht
lächerlich?

um fünf Uhr

Ich bin wieder zurück, ich habe mich unwohl gefühlt,
jeden Augenblick befürchte ich eine Schwäche – Ich werde
mich auskleiden – Sie sind da meine Liebe, und denken
Sie gerade ist einer meiner Cousins angekommen, der seit
einiger Zeit bei Hofe war, er ist auch bei diesen adeligen
Herren, wenn es ihm in den Sinn käme mich zu sehen –
Ich bin überrascht worden, mein Bruder ist hereingekom-
men und ich habe meinen Brief geschwind versteckt, ach
meine Liebe er ist von meinem Cousin geschickt der mich
unbedingt sehen will er hat mich schon gerühmt vor den
Herren Oldroqq – ich habe mich entschuldigt, mir sei unwohl, mein Bruder war erschrocken als er mich ansah,
denn ich bin bleich wie der Tod. Ich kann da nicht hingehen – was soll aus mir werden ich höre die Stimme meines
Cousins der ruft – Sie soll kommen! – Er kommt herein,
ach meine Liebe retten Sie mich –

um 7 Uhr

Ich bin also dort gewesen; je nun Närrin, was mußtest
du dich fürchten. Ich bin so froh jetzt; – hören Sie mir zu,

ich will Ihnen alles erzählen was geschah – Wie mein
Cousin in mein Zimmer trat, war ich einer Ohnmacht nahe, er bemerkte es, ach mein Fräulein rief er aus ich sehe
Sie wieder, und in welchem Zustand – Sie erbleichen –
Nun mein Gott, was haben Sie, ich bin gekommen Sie zu
holen, die Herren sind ungeduldig Sie zu sehen, so kommen Sie doch, sie sind sehr liebenswürdig, Ihr Un-
wohlsein wird vorübergehen – Lassen Sie mich mein
Herr, ich kann nicht, Sie sehen daß ich nicht wohl bin, –
was werden die Herren sagen wenn sie mich in solchem
Zustand sehen – Was sie sagen werden meine Teure? Nun
daß meine Cousine ein Engel ist – Ich bitte Sie mein Herr –
Und ich bitte Sie mein Fräulein was fürchten Sie – kommen Sie kommen Sie. Er ergreift meine Hand und zieht
mich mit – öffnet den Salon – Hier meine Herren ist meine
Cousine. Ach meine Liebe zittern Sie nicht um mich?
Mehr tot als lebendig gehe ich hinein – sie erheben sich –
ich weiß nicht wo ich bin, und mechanisch gehe ich auf
den älteren von Oldroqq zu der meine Hand nimmt, sie
küßt, und mir einige Komplimente macht, die ich nicht
beachte. Der Jüngere tritt hinzu, ich wende mich gegen
ihn, und mache meine Reverenz, ich sehe ihn an und halte
verdutzt inne, als ich sehe daß er meinem liebenswürdigen Engländer sehr ähnlich sieht – Mein Bruder bemerkt
meine Verwirrung und um mich daraus zu befreien bittet
er die Herren sich zu setzen. Das gibt mir die Sprache zurück, ich sage zu ihnen daß ich bedauerte sie gestört zu
haben, und sie täten mir einen Gefallen wenn sie ihre
Plätze wieder einnähmen. Wir setzen uns, der Jüngere

rechts neben mich, mein Bruder zur linken, der Ältere neben ihn, und dann gegen mir über mein Cousin. Ich saß zu nahe bei den Kerzen, ich schämte mich mich zu zeigen, deshalb nahm ich meinen Stuhl, zog ihn vom Tische weg und setzte mich wieder – Mein Cousin rief sogleich aus: Nun meine Liebe warum entziehen Sie uns Ihr reizendes Gesicht, bitte kommen Sie näher – Es ist so meine Gewohnheit mein Herr mich vom Lichte fernzuhalten; und ich habe jetzt mehr Ursache dazu denn je, weil ich im Dunkeln gewesen bin, dieser helle Schein trifft mich plötzlich und blendet mich dermaßen daß ich niemanden sehen kann – Sie sollen in allem Ihren Willen haben meine Liebe, doch erzählen Sie mir wie ist es Ihnen seit vorigem Winter ergangen, Sie sind größer geworden, und schöner, Messieurs was sagen Sie dazu; habe ich Sie getäuscht indem ich von meiner Cousine, als einem bewunderungswürdigen Mädchen sprach? Ach meine Liebe das ging über meine Kräfte – Die beiden adeligen Herren sahen mich mit einem beifälligen Lächeln an, sie verbeugten sich – was sollten sie sagen – Ich faßte mir ein Herz – Meine Herren sprach ich zu ihnen, Sie ersehen allein aus dieser Bemerkung, daß mein Cousin heute große Lust hat zu scherzen, er spaßt, und ich bitte Sie alles was er sagt so aufzufassen – «Meine liebe Cousine ich habe Ihnen noch nicht mitgeteilt welche Freude ich empfand, als ich bei meiner Rückkehr hierher einen so liebenswürdigen Cousin* antraf, ich kenne ihn erst seit einer Stunde, und in

---

*   Dieser ist der Bruder der Schreiberin [deutsch von Cornelia Goethe]

dieser kurzen Zeit habe ich schon tausend edle Eigenschaften an ihm entdeckt, man hat Ursache Sie zu einem so liebenswürdigen Bruder zu beglückwünschen» – Ich freue mich sehr Monsieur daß Sie jetzt überzeugt sind, wie recht ich hatte über die Abwesenheit dieses geliebten Bruders betrübt zu sein; diese drei Jahre sind für mich sehr lang gewesen, jeden Augenblick wünschte ich ihn zurück. – Meine Schwester, meine Schwester, und jetzt wo ich hier bin begehrt mich niemand zusehen, es ist ganz wie wenn ich nicht da wäre – Keine Vorwürfe mein Bruder, Sie wissen selbst, daß dies nicht meine Schuld ist, Sie sind immer beschäftigt, und ich wage Sie nicht so oft zu stören wie ich möchte – Aber meine liebe Cousine was macht denn die Musik, Sie waren schon vorigen Winter so vortrefflich, wie mag das erst jetzt sein. Dürfte ich mir die Bitte erlauben, mich Ihre neuen Fortschritte hören zu lassen; ich bin sicher die Herren hier werden entzückt sein – 1: Ich muß Ihnen sagen meine Liebe daß es mir mit jedem Augenblicke besser ging, meine Ängste waren verflogen, und ich fing an meine ganze Geistesgegenwart zurückzugewinnen. Ich stand sogleich auf und als sie sahen daß ich zu meinem Klavier ging stellten sich alle um mich herum; der Jüngere dergestalt daß er mich bequem betrachten konnte während ich spielte. Ich überraschte ihn ein paar Mal dabei. Ohne zu wissen warum wurde ich etwas verwirrt, ich errötete – aber meine Liebe warum schaute er mich auch so an – Doch trug ich mein Stück recht gut vor, und indem ich aufstand, bat ich meinen Cousin, uns seine Geschicklichkeit auf der Flöte hören zu lassen; er ist ein wunderlicher Kauz meine Liebe er spielt auf so eigentümliche Art, daß man laut lachen muß beim Zusehen. Er führte mich zu meinem Stuhl zurück, und als er mich fragte was er noch tun müsse um mir gefällig zu sein bat ich ihn wieder seinen Platz einzunehmen. Sie wissen daß er gegen mir über war – Ich sehe worauf das hinausläuft rief er aus, Sie wollen daß ich mich entferne. Sie mein Herr sagte er zu dem jungen von Oldroqq, hat sie erkoren immer in ihrer Nähe zu sein; wie froh ich bin meine Herren daß Sie nicht hierbleiben; ich hätte nicht den geringsten Platz mehr im Herzen meiner Cousine, denn ich bin gewiß Sie würden sie mir ganz wegnehmen – Ah meine Liebe wie pochte mir das Herz, ich wußte nicht was ich sagen sollte; der junge von Oldroqq litt um mich, ich sah es an der Bewegung die sich auf seinem liebenswürdigen Antlitz malte. Er sah mich schüchtern an wie wenn er fürchtete mich zu kränken. Ich konnte mir das Vergnügen nicht versagen ihn zu betrachten, ich glaubte meinen liebenswürdigen Harry zu sehen, ich weiß nicht mehr was ich da dachte – Mein Bruder, um der Unterhaltung eine Wendung zu geben, sprach von Leipzig, von der angenehmen Zeit, die er dort verbracht, und zugleich fing er an sich über unsere Stadt zu beklagen, wie wenig Geschmack hier herrsche, wie stumpfsinnig unsere Bürger seien, und zuletzt verstieg er sich zu der Behauptung, unsere Fräulein hier seien unerträglich. Welch ein Unterschied zwischen den sächsischen Mädchen, und den hiesigen, rief er aus – Ich schnitt ihm das Wort ab und wandte mich an meinen liebenswürdigen Nachbarn Mein Herr sprach ich zu ihm, diese Vorwürfe muß ich alle Tage hören; bitte sagen Sie mir, Sie der Sie vielleicht nicht so voreingenommen sind wie er, ob das wirklich wahr ist, daß die sächsischen Frauenzimmer denjenigen aus jedem andern Lande so sehr überlegen sind? – Ich versichere Sie mein Fräulein daß ich in der kurzen Zeit die ich hier bin viel mehr vollkommene Schönheiten gesehen habe als in Sachsen; doch erlaube ich mir Ihnen zu sagen, was Ihren Herrn Bruder so für jene einnimmt, ist daß sie eine gewisse Anmut, einen gewissen bezaubernden Anstand haben – Es ist, unterbrach mein Bruder, eben diese Anmut und dieser Anstand der ihnen hier fehlt, ich bin auch der Meinung daß sie hier schöner sind, doch was soll mir diese Schönheit, wenn sie nicht begleitet wird von jenem unendlichen Liebreiz, der mehr bezaubert als die Schönheit selbst – Gerechter Himmel es schlägt zehn Uhr, ich muß schlafen gehen, ich habe heute nicht zu Abend gegessen um Ihnen all das berichten zu können. Ich hätte Ihnen die Unterhaltung gern bis zu Ende erzählt, allein ich kann mir unmöglich so viel Zeit nehmen. Ich füge also nur noch hinzu, daß sie recht vergnügt fortgingen, besonders der Jüngere, der sich sehr höflich von mir verabschiedete, er küßte mir die Hand, drückte sie wiederholt, beinahe glaubte ich er wolle sie mir nicht mehr zurückgeben – Warum mußte er sich so aufführen, so – Ich beneide diese schönen Frauen die er hier gesehen hat, wäre es nicht unendlich angenehm einem solchen Manne zu gefallen – Allein warum sage ich das? Sie sehen die Müdigkeit verwirrt mich; leben Sie wohl meine Gute – ich schlafe ein –

Freitag morgen.

Ich habe vergessen Ihnen zu sagen daß die Heimat dieser jungen adligen Herren Livland ist; das liegt einige hundert Meilen von hier; recht weit nicht wahr meine liebe Katharina. Sie wollen ganz Europa bereisen, und dann kehren sie heim in ihr teures Vaterland. Ich wünschte sie blieben noch acht Tage hier, denn nächsten Freitag ist zum ersten Male unser großes Konzert, und wenn sie es besuchten könnten sie sich ein gutes Bild von unserer Stadt und ihren Bewohnern machen.

um 7 Uhr abends.

In diesem Augenblick ist mein Bruder nach Hause gekommen, er ist heute den ganzen Tag bei seinen liebenswürdigen adligen Herren gewesen, und er wird auch mit ihnen zu Abend essen, fast beneide ich ihn um sein Glück, sie so oft zu sehen. Morgen früh reisen sie ab nach Mainz, bleiben dort zwei Tage, und kommen dann hierher zurück – Ich fürchte Sie zu langweilen, wenn ich immer von diesen Herren schwatze, die Sie nicht kennen; aber Sie müssen sich daran gewöhnen daß ich von den Menschen spreche die ich schätze, denn wenn jemand einmal einen Platz in meinem Herzen hat, sei es in Liebe oder Freundschaft, kann er versichert sein, daß mein Mund mit Lob nicht geizt.

Samstag morgen um 10 Uhr.

Sie erwarten gewiß Ausrufe des Schmerzes, wenn ich Ihnen sage daß mein liebenswürdiger Engländer abgereist ist, abgereist ohne mir das letzte Lebewohl sagen zu können, daß ich sein Porträt nicht habe, daß endlich alle unsere Anstalten mißglückt sind. – Allein meine Liebe ich werde mich betragen wie es mir geziemt; ob Sie das gleich sicherlich verwundert, nach dem was ich Ihnen schon geschrieben habe. – Mein Herz ist unempfindlich gegen alles. – Keine Träne, nicht ein Seufzer – Und welchen Grund hätte ich auch dazu? Gar keinen denke ich. Und doch meine liebe Freundin, gab es je einen unschuldigeren Wunsch als jenen allzeit sein Bildnis zu sehen? Ich hatte immer ein außerordentliches Vergnügen daran ihn zu betrachten, und das ist mir jetzt versagt – allein das macht nichts. – Sie sehen meine ganze Gleichgültigkeit – der gegenwärtige Zustand meiner Seele grenzt an Gefühllosigkeit. – Ich blicke in meinen Spiegel, und mich jammert wenn ich den schrecklichen feuerroten Ausschlag sehe den ich mir unwissentlich zugezogen. Ich bin sehr schön, glaube ich, in diesem Schmuck. – Jaja das paßt recht gut zu meinem Teint. – Wenn mir nur zum Lachen wäre, ich könnte – doch wohin verirre ich mich; ich bin heute bei gutem Humor – Guten Abend meine Liebe – ich will eine Melodie auf dem Klavier spielen, damit diese Grillen vergehen –

Sonntag morgen den 30. Okt.

Ich habe keine Lust zur Kirche zu gehen, ich bin nicht recht wohl, und dann schmeckt die Medizin die ich nehme so abscheulich, daß ich jeden Augenblick eine Übelkeit befürchte. Es ist sehr schönes Wetter heute, wir wollen mit einer großen Gesellschaft den Pfarrthurm besteigen; kennen Sie ihn, es ist der höchste Turm unserer Stadt, ich bin niemals oben gewesen. So werde ich mir ein wenig Bewegung verschaffen hoffe ich, die mir sehr nützlich sein wird; ich sollte mich den ganzen Tag bewegen, indessen setze ich mich hier hin um zu schreiben. Los aufstehen –

um 7 Uhr abends

Wir waren oben meine Liebe, wie schön das ist die ganze Stadt zu Füßen zu haben; doch denken Sie, beim Hinaufsteigen mußten wir vier Mal anhalten, so außer Atem waren wir. Es gibt da einen großen Raum, wo man auf dem Klavier spielen kann. Mit einem Perspektiv sahen wir Hanau ganz nah. Die Glocken sind von enormer Größe, und wenn man sie von nahem schlagen hört, wird man völlig taub – Beim Abstieg kommt man zwar nicht außer Atem, doch begannen unsere Knie zu wanken, so daß ich mich als wir unten waren auf den Boden setzte, nicht aus Erschöpfung; sondern weil ich am ganzen Leibe zitterte.–

Mittwoch den 2. Novemb.
um 8 Uhr morgens

Ich will diesen Brief heute zur Post schicken, ich muß
also zum Ende kommen, – meine Liebe, die Herren von
Oldroqq kommen heute nachmittag, ich freue mich darauf – wenigstens werde ich noch einmal dieses liebenswerte Antlitz sehen, das so viel Ähnlichkeit hat – st – st. –
Ich werde Ihnen alles schreiben was sich ereignet, – ich
will sie überreden bis Freitag zu bleiben – dann kann ich –
man unterbricht mich – es ist mein Bruder, was wird er
sagen – Ah meine Liebe, bedauern Sie mich – alles kommt
zusammen um mich zur Verzweiflung zu bringen – sie
reisen heute morgen ab – was soll ich tun – wenn Sie sähen
wie ich leide, es geht über meine Kräfte – alle Freuden die
ich mir verspreche, werden mir versagt – wofür bin ich
noch aufgespart – Verzeihen Sie mir gute Freundin, Sie
sehen ich bin in der ersten Erregung. Sie fahren über
Worms und logieren dort im Römischen Kaiser. – Sie sehen sie vielleicht – Um des Himmels willen bewahren Sie
diesen Brief gut, ich wäre verzweifelt wenn ein anderer als
Sie und meine liebe Mlle Meixner diese Narrheiten zu
Gesicht bekäme – Seien Sie nachsichtig gegen ein Mädchen das,wenn sie es auch nicht verdient, gleichwohl Ihrer
Freundschaft bedarf – Mein Bruder ist diesen Augenblick
fort um ihnen Adieu zu sagen, – ach was für ein Gedanke
mir kommt – nein nein –

Adieu
G. C.

13. NOVEMBER - 17. DEZEMBER 1768

Sonntag den 13. Nov.

Meine liebe Freundin

Vergangene Woche besuchte mich Ihr Fräulein Schwester ganz allein, sie hat sich sehr beklagt über die Art wie man mit ehrenwerten Verwandten leben muß. Das gute Mädchen wäre glücklich nach Worms zurückzukehren, sprechen Sie darüber mit Ihrem Herrn Vater, vielleicht findet sich eine Begleitung welche sie mitnehmen kann; denn sie wünscht es ernstlich – Die Geschichte von St... hat mich erstaunt, ich wußte kein Wort davon, welch eine Mischung aus Eitelkeit und Torheit, denn Liebe ist dabei nicht im Spiel. Ich hielt den Mann immer für vernünftiger, Ihre Schilderung ließ ihn so erscheinen. Aber freilich raubt uns die Leidenschaft völlig den Verstand, besonders wenn sie sich auf ein so liebenswürdiges Ziel richtet – Ich führe seit einiger Zeit ein sehr ruhiges, und einförmiges Leben, so daß Sie nicht auf viel Abwechslung, und Interessantes rechnen dürfen. Auch habe ich mir vorgenommen mich nie mehr zu äußersten Gefühlen hinreißen zu lassen, sei es nun Freude, oder Trauer; Sie werden sehen ob ich an diesem Vorsatz festhalte; denn seien Sie gewiß daß jeder Gedanke den ich fasse Ihnen entdeckt wird. Was habe ich zu befürchten? Ihre Freundschaft für mich wird Sie gegen meine Fehler nachsichtig machen – Was sagen Sie dazu meine Liebe, daß ich für immer der Liebe entsagt habe. Lachen Sie nicht, ich spreche im Ernst, allzu sehr habe ich an dieser Leidenschaft gelitten, als daß ich ihr nicht von ganzem Herzen Adieu sagte. Es gab eine Zeit, da ich, erfüllt von romanhaften Vorstellungen, glaubte eine Verbindung könne nicht vollkommen glücklich sein ohne gegenseitige Liebe; allein über solch närrische Vorstellungen bin ich hinweg. Welcher Ansicht sind Sie meine Gute?

Mittwoch den 16. Nov.

Gestern war ich auf unserer großen Gesellschaft, von der ich Ihnen manchmal erzählte; es waren viele vornehme Leute da; alles war auf das prächtigste hergerichtet. Doch hätte ich mich unfehlbar gelangweilt, wenn ich nicht ein gewisses Vergnügen daran fände die Menschen zu beobachten. Lisette de Stokum ist die schönste von allen unsern Damen, ich bewundere sie, und jedesmal wenn ich sie sehe erscheint sie mir liebenswürdiger. Welch ein Vorteil ist doch die Schönheit! Den Reizen der Seele zieht man sie vor. Es waren noch einige hübsche Mädchen da doch alle Lisette unterlegen. Die Herren betrugen sich recht gut von ein paar Albernheiten abgesehen, die man ihnen nachsehen muß. Sie wissen daß ich nicht gern spiele, also hatte ich Zeit genug Betrachtungen anzustellen; die ich Ihnen gern mitteilen würde wenn ich Zeit dazu hätte.

Auch fürchte ich Ihre Geduld zu mißbrauchen. Ich will jetzt gleich zu meinem Bruder gehen, der an einer neuen Komödie arbeitet; er liest mir seine Stücke immer vor, und Sie können glauben daß ich ihn mit unendlichem Vergnügen höre. Er zeichnet mir auch manchmal hübsche Köpfe von denen ich Ihnen einen schicken will.

Samstag den 19. Nov.

Gestern waren wir im Konzert, mein Bruder und ich, die versammelte Gesellschaft war prächtig, man hörte die erlesenste Musik. Indessen weiß ich nicht was mir fehlte, die Menschen die ihre vornehmste Zierde waren sind nicht mehr da, und all jene die dort waren sind mir sehr gleichgültig .... doch nein, es wäre ungerecht das so bestimmt zu sagen, ich nehme es zurück – Die Maitresse des Grafen Podoki beehrte uns mit ihrer Anwesenheit, sie ist eine charmante Frau, und man kann ohne Schmeichelei sagen daß sie in jeder Beziehung eine ganz vortreffliche Person ist. Der Graf hat sie für einige Zeit verlassen, und unterdessen geht sie auf Abenteuer aus. Der junge Lord den Mlle Meixner kennt ist einer ihrer ersten Verehrer, er begleitet sie überall und macht sich so lächerlich daß die ganze Stadt darüber redet. Gestern sprach er dauernd auf sie ein, dann setzte er sich ihr gegenüber und nickte ihr zu, und was dergleichen Albernheiten mehr sind. Ich saß gerade so daß ich es bequem beobachten konnte. Sie sah mich lange an, sodann winkt sie Mylord zu sich heran und fragt ihn wer ich sei, und ob er mich kenne; er scheint verblüfft, flüstert es ihr ins Ohr; sie lächelt und betrachtet mich mit größerer Neugierde. Ich weiß nicht was er ihr über mich gesagt haben mag, es kümmert mich auch wenig. Ich glaube daß man ihre Gunstbezeigungen recht teuer bezahlen muß. Dieser junge Mann ist seit einiger Zeit äußerst verändert, er ergibt sich Lastern aller Arten. Das ist schade, denn er ist sehr liebenswürdig, außerdem hat er gute Eigenschaften – Hören Sie nur wie dreist der Barmherzige ist. Diese lächerliche Figur postierte sich so vertraulich hinter meinem Stuhl, dann beugte er sich über mich und begann mich zu unterhalten; ich hätte ihm gern eine Ohrfeige geben mögen, so empört war ich über sein Betragen. Mademoiselle sprach er zu mir, die Freude die ich darüber empfinde Sie zu sehen ist so außerordentlich, daß es mir unmöglich ist sie zu verbergen. Eine halbe Ewigkeit ist es her daß Sie Miss Lisette nicht besucht haben, woher kommt diese Kaltsinnigkeit? Ich weiß wohl daß sie auch nicht zu Ihnen kommt, und daß sie zweimal die Montagsgesellschaft versäumt hat, doch versichere ich Ihnen daß Schnupfen und Husten sie daran hinderten. – Ich zweifle daran keineswegs, denn ich weiß wohl es ist jetzt die Zeit für derartige Krankheiten, außerdem ist das eine sehr bequeme Entschuldigung – Ich verstehe Sie Miss, Sie glauben mir nicht, Sie zürnen Miss Lisette aber ich kann beschwören daß es nicht an ihr liegt, das teure Kind geht täglich zu Mr. B. |: das ist dieser Witwer von dem ich Ihnen schon erzählt habe :|, sie ist sehr gebunden durch diese Bekanntschaft, denn jeden Tag verabredet man sich für den nächsten zu einer neuen Vergnügung, und sie kann sich davon nicht freimachen – Das wünsche ich auch nicht Monsieur, denn die Freundschaft von Mr. B. ist von weit größerer Wichtigkeit als die meinige, es wäre unklug sie darum zu bringen – Meine liebenswürdige Miss wenn ich vielleicht zu einer Versöhnung beitragen könnte – Dessen bedarf es nicht, denn es gab kein Zerwürfnis zwischen uns, aber bitte schweigen Sie, man spielt ein Solo – Unverhofft besuchte mich gestern Ihr Fräulein Schwester und brachte mir Ihren Brief; ich las ihn und errötete über Ihre unermeßliche Güte, die ich so wenig verdiene. Und Sie haben Nachsicht mit mir meine Liebe? Sie verkleinern meine Fehler, Sie verzeihen sie mir; selbst wenn ich sie mir selbst nicht verzeihen könnte. Aber mein liebes Kind vergessen wir alles, und wenn wir uns noch manchmal meiner vergangenen Schwachheiten erinnern, so sei es zu meiner Beschämung – Es tat mir leid daß ich ausgehen mußte, Ihr Fräulein Schwester blieb ein paar Stunden bei mir, dann gingen wir gemeinsam, ich auf die große Gesellschaft, und sie in ihr Gefängnis. Wir waren 32 Personen, 20 Herren, und 12 Damen, unter anderen war da ein junger Marquis, Monsieur de la Varee, der überaus liebenswürdig ist, er ist Franzose und besitzt alle guten Eigenschaften dieser Nation. Der Chevalier de la Roche ist ein vollendeter Kavalier, er hat mehr Ernst als der erste, der nur scherzt, er spricht so gewinnend und höflich, daß man ihn schätzen muß, man mag wollen oder nicht; ich glaube sie werden einige Zeit hier bleiben – Ich bemerke mit Vergnügen, daß ich die liebenswürdigsten

Menschen ohne die geringste Gemütsbewegung betrachte; nur das Neue blendet uns; das sehe ich jetzt wohl. Nie ist man glücklicher als wenn man ganz gleichgültig ist, man kann alles freier ansehen, man ist im Stande Betrachtungen anzustellen. Ja meine Liebe ich werde in diesem Zustande verharren, nichts soll mich in Zukunft davon abbringen können. Ich habe dafür gewichtige Gründe, die ich Ihnen nicht nennen kann. Vielleicht würden Sie mir auch nicht glauben; darüber ein andermal –

Montag den 5. Dezember.

Denken Sie mein Kind ich war gestern in großer Gesellschaft bei Miss Lisette, das mag Ihnen eigenartig erscheinen, nach dem was ich über sie gesagt habe. Ihre Freude als sie mich wiedersah schien mir aufrichtig. Sie küßte mich tausendmal und fragte mich ob ich sie nicht vergessen hätte, und ob ich sie noch liebte. Dieser plötzliche Umschwung verwundert mich, ich weiß nicht welchem Umstand ich ihn zuschreiben soll. Unter andren Damen zeigte sich Miss Baumann in abscheulicher Pracht. Miss Leonore de Saussure ist immer noch so heiter wie Sie sie gesehen haben, sie beglückwünschte Lisette zu ihrer Heirat, was diese sehr artig entgegennahm; indem sie ihr dankte. Wir wollten in Lachen ausbrechen als wir in dem Zimmer, wo wir waren, das Porträt des zukünftigen Gatten sahen, von ihr selbst im Schattenriß gezeichnet. Die boshafte Leonore machte ein paar Bemerkungen, denen ich nicht widerstehen konnte. Die andern Damen dachten vermutlich, wir wären nicht ganz gescheit. Was liegt daran es sind alberne Geschöpfe – Um acht Uhr des Abends, ließ Madame mir ausrichten, ich möchte sie in ihrem Zimmer aufsuchen; ich ging hin in dem Glauben, es handle sich um irgendeine große Neuigkeit die man mir mitteilen wolle. Aber ich bekam nur Vorwürfe darüber zu hören, daß ich so viel Zeit hätte verstreichen lassen, ohne sie zu besuchen. Plötzlich geht die Türe des Kabinetts auf, und heraus tritt der Barmherzige, sich in übertriebenen Höflichkeiten ergehend. Ich fand mich dadurch etwas beleidigt weil ich bemerkte daß dieses abgesprochen war, indessen ließ ich mir nichts anmerken. Sie nötigten mich eine halbe Stunde dazubleiben, darauf bot er mir den Arm um mich zurückzugeleiten, was ich nicht ablehnen konnte. Zu meinem Glücke kam es mir in den Sinn, Leonore an dieser reizenden Gesellschaft teilnehmen zu lassen; welche, ob sie sich gleich vor Lachen kaum halten konnte, mich nichtsdestoweniger durch ihre Gegenwart vor etlichen Geschmacklosigkeiten bewahrte zu denen es nur halbwegs kam – Soviel für heute –

Mittwoch den 7 Dezemb.

Heute ist mein Geburtstag, an dem ich das achtzehnte Lebensjahr vollende. Die Zeit ist verflossen wie ein Traum; und ebenso wird die Zukunft vergehen; mit dem Unterschied daß mir mehr Übel zu erleiden übrig bleiben, als ich bisher erfahren habe. Ich ahne sie – Meinem Bruder geht es sehr schlecht, er bekam plötzlich eine heftige Kolik, die ihm äußerste Schmerzen bereitet. Man wendet alle Mittel an um ihm ein wenig Ruhe zu verschaffen; doch vergeblich. In einem solchen Zustand kann ich ihn nicht sehen ohne daß es mir das Herz bricht. Warum kann ich ihm nicht helfen.

Samstag den 10 Dezemb.

Nach zwei Tagen des Leidens geht es meinem Bruder etwas besser, doch ist er so schwach daß er nicht eine Viertelstunde aufbleiben kann; wenn nur seine Schmerzen aufhörten, zu Kräften wird er schon bald wieder kommen. Man muß das Beste hoffen und Geduld haben. Denken Sie nur meine Liebe, Miss Lisette besuchte mich gestern, ganz in rosafarbenen Taffet gekleidet, mit apfelgrünem Putz. Sie sah aus wie eine kleine Prinzessin, so strahlend, und hübsch, machte sie diese Kleidung. Ich betrachtete sie schon als Frau von Mr. B. und machte mir meine Gedanken darüber, als sie plötzlich auf ihn zu sprechen kam, und mich fragte ob ich schon wisse daß er den «König von England» gekauft habe, ein teures Haus das Sie kennen werden. Ich erwiderte, ja; und daß ich mich darüber verwundert hätte, weil er schon ein sehr schönes Haus hat – Es ist ihm zu klein; es gibt nicht genug Platz für seine Waren; er wird sich viel besser ausbreiten können in seinem neuen Palais, das ihn fünfzigtausend Gulden geko-

stet hat, für zwanzigtausend wird er es noch umbauen,
der große Saal wird völlig abgerissen – Ja, unterbrach ich
sie, nachdem er darin seine Hochzeit gefeiert hat. – Seine
Hochzeit? rief sie aus. Vielleicht feiert er sie niemals –
Darauf will ich nicht wetten; aber wovon hängt das ab? –
Das hängt von vielem ab, wo soll er eine Partie finden die
zu ihm paßt? Wenn er sich verheiratet, braucht er eine
Frau von wenigstens fünfundzwanzig Jahren; denn für
ein junges Mädchen wäre das immer eine große Ent-
schließung. Freilich im ersten Augenblick sieht man große
Vorteile, aber in Wahrheit meine Liebe wenn man es reif-
lich überlegt, verlieren sie viel von ihrem Wert. Er ist nicht
mehr jung, denn vergangene Woche ist er sechsundvierzig
Jahre alt geworden; in vier Jahren ist er schon ein alter
Mann; und dann wäre seine Frau wenn sie jetzt siebzehn
ist, im schönsten Alter; er würde eifersüchtig, und dann,
oh mein Gott, mit welchen Qualen erkaufte sie das Glück
reich zu sein; aber meine Liebe, daß das was ich Ihnen
gesagt habe unter uns bleibt – Stellen Sie sich meine Ver-
wunderung vor als ich Lisette so reden hörte; ich glaubte
zu träumen, doch wollte ich mir mehr Klarheit darüber
verschaffen, deshalb sagte ich zu ihr: – Ihr Vertrauen in
mich gibt mir einen neuen Beweis Ihrer Freundschaft, und
seien Sie versichert daß ich, was auch kommen möge,
niemals Gebrauch davon machen werde, und ich will
nicht mehr daran denken; wie wenn Sie mir nichts gesagt
hätten – Dabei sah ich sie mit einem durchdringenden
Blicke an, sie verstand mich auch sogleich, denn sie rief
aus: Fürchten Sie nichts meine Liebe, das kann niemals

geschehen – Das ist viel gesagt mein Kind – Ja meine gute Freundin, es gab eine Zeit, da ... aber jetzt ist es ganz unmöglich – Unmöglich? Was sagen Sie da? Ich bin verwirrt, das sind Geheimnisse in die ich nicht dringen kann – Sie werden sie eines Tages durchschauen, doch kann ich Ihnen im Augenblick nichts weiter sagen, als daß ich die alleinige Ursache bin und daß, wenn der Vorzug den ich einem anderen gegeben ... Sie hielt inne, und errötete weil sie zuviel gesagt hatte, ich für mein Teil wollte dieses Wort nicht aufnehmen, und da es schon nach acht Uhr war, ging sie fort mit dem Versprechen mir das Ganze mitzuteilen – Ich bin sehr neugierig, ich verwirre mich, ohne irgendeinen Anhaltspunkt stelle ich Vermutungen an, die, obgleich weit hergeholt, nicht gänzlich ohne Grundlage sind. Möge der Himmel sie prüfen, das ist alles was ich jetzt sagen kann.

Sonntag nachmittag

Heute morgen bin ich ein wenig in Angst gewesen; denken Sie meine Liebe kaum bin ich den Händen des Perrückenmachers entkommen, gehe ich hinauf mich herzurichten. Wie ich ganz unbekleidet bin höre ich sehr heftig läuten, und gleichzeitig hält ein Wagen an der Türe. Ich erschrecke weil ich weiß daß das untere Zimmer belegt ist, und man deshalb nur in dem meinigen fremde Besucher empfangen kann. Selbigen Augenblick kommt mein Diener herein und ruft: Sie sind noch gar nicht fertig? Sie sind schon auf der Treppe. – Wer denn? – Der Herr Gesandte – Mein Gott sagen Sie meinem Vater er soll ihn ein wenig draußen unterhalten. Ich zitterte am ganzen Leibe; und in meiner Aufregung machte ich alles verkehrt, so daß ich gerade mein Negligé band, als sie eintraten. Ein junger Kavalier schöner als der Tag, in Trauerkleidung mit Pleureusen, zog mich aus meiner Zernichtung, allein nur um tiefer denn je wieder in sie zu versinken. Ich machte eine alberne Figur, weil ich nicht wußte ob es Narrheit wäre wegzugehen, oder dazubleiben. Endlich entschied ich mich hinauszugehen was ich so linkisch tat, daß ich jämmerlich anzusehen war. Ich erholte mich wieder als ich in die Kälte kam, und wie ich mich in einem Spiegel betrachtete, sah ich mich bleicher als der Tod. Nebenbei muß ich Ihnen sagen daß mir nichts besser steht, als wenn ich vor Aufregung erröte oder bleich werde. Jeder andere als Sie hielte mich für eitel wenn er mich so reden hörte; aber Sie kennen mich zu gut um mich dessen fähig zu halten; und das genügt mir. –

Samstag den 17 Dez.

Ich kann nicht mehr so viel schreiben wie ich möchte, denn man sitzt mir den ganzen Tag auf dem Halse. Seit der Krankheit meines Bruders essen wir bei mir und das behindert mich sehr. Dessenungeachtet ziehe ich mich eine Viertelstunde zurück, um Ihnen zu melden, daß ich gestern im Konzert war, und daß ich da allerlei Zufälle erlebt habe. Das wird Ihnen lächerlich erscheinen, wissen Sie doch daß Romanheldinnen immer Schönheiten sind. Indessen lächerlich oder nicht, es ist die Wahrheit – Meine Cousine Charlotte, die einzige Person die mich begleitete, und ich, wir machten uns ein wahres Vergnügen daraus daß wir als erste eingetroffen waren. Wir machten eine Runde durch den großen Saal, welcher jetzt M. Busch gehört, und der sehr prächtig ist. Ich sagte Charlotte daß ich vermutete heute abend oft angesprochen zu werden, und daß man Veranlassung habe ein Gespräch anzuknüpfen, indem man sich bei mir nach dem Gesundheitszustand meines Bruders erkundigte. Was ich vorhergesagt hatte traf ein, mehr als dreißig vornehme Herren machten mir den Hof, und alle ihre Unterhaltungen begannen mit: Miss, wie geht es Ihrem Herrn Bruder? Ich habe gehört er sei krank – Ja Monsieur er war sehr krank, aber jetzt geht es gottlob besser – Ich stieß Charlotte mit dem Fuß an, und diese wollte sich halb totlachen. Mittlerweile bemerkte ich unter dem Adel den Herrn Gesandten, ich erkannte ihn sofort wieder, ob ich ihn gleich nur einen Augenblick gesehen hatte. Wenn ich die Liebe malen wollte, ihn nähme ich zum Muster, so liebenswürdig ist er, lassen wir das – In der großen Pause machte ich einigen Damen des Adels meine Aufwartung; während ich mit ihnen sprach, bemerkte ich ganz in meiner Nähe den Herrn Gesandten der sich lebhaft mit dem Marquis de Saint Sever unterhielt, ich war neugierig den Gegenstand ihrer Unterhaltung zu erfahren, als ich ersteren sagen hörte: Kennen Sie sie denn nicht? Ich bin begierig ihren Namen zu erfahren; sie ist die schönste Frau von der Welt, und ihre schönen Augen sprühen vor Geist. – Nein mein lieber Freund entgegnete der andere, ich weiß nicht wer sie ist; doch erscheint sie mir ebenso hübsch wie Ihnen; wir sind also Rivalen, kommen Sie schnell fügte er hinzu, indem er ihn bei der Hand nahm, gehen wir zu ihr, und sehen wem sie den Vorzug gibt; ich fürchte sehr sie wird Sie wählen; wegen Ihres liebenswürdigen Wesens – Sie scherzen mein lieber Marquis, ich bitte Sie – Mit diesen Worten entfernten sie sich. – Glückliche Frau, dachte ich – Ich machte den Comtessen von Neuberg und Heydesheim mein Kompliment; dann ging ich zu Charlotte zurück, und wir suchten wieder unsere Freundinnen auf die hinten saßen. Auf dem Weg zu ihnen mußte ich viele läppische Schmeicheleien über mich ergehen lassen; zuletzt traf ich Caroline de Stokum; die mich anhielt und sich nach meinem Bruder erkundigte; als ich aufblickte sah ich in einiger Entfernung ihre Schwester Lisette, und den Herrn Gesandten, welche in ein Gespräch vertieft waren. Nach ein paar Minuten sah er uns an und fragte Lisette wer ich sei. Als er meinen Namen hörte, erinnerte er sich wieder der albernen Figur die ich in seiner Gegenwart gemacht hatte; er verließ Lisette, wandte sich mit einem sehr artigen Kompliment an mich und sagte: Mademoiselle erkennen Sie mich wieder? – Herr Gesandter, Menschen wie Sie vergißt man nicht so schnell; wir hatten neulich die Ehre Sie bei uns zu sehen – Darauf unterhielt er mich so zuvorkommend, er zeigt so viel Geist, der ihn, vereint mit der Anmut seiner Person, zu einem sehr liebenswürdigen Menschen macht – Der

Rest des Abends verlief sehr angenehm und am meisten freute es mich, daß es dem Barmherzigen nie gelang mit mir zu sprechen, wie sehr er sich auch darum bemühte, so dicht war ich umringt von vornehmer Gesellschaft – Für diesmal ist es genug, Montag will ich dieses Geschreibsel zur Post schicken, recht ärgerlich, nachdem ich es noch einmal gelesen habe, ich finde so gar nichts Interessantes darin. Mein Fehler ist es nicht, denn ich schreibe nur was mir begegnet; und ich tauge nicht zu – – Adieu

23. DEZEMBER 1768 - 31. JANUAR 1769

den 23. Dez. 1768.

Endlich habe ich eine Aussprache mit Miss Lisette gehabt, ihr ganzes Verhalten in der Vergangenheit klärte sich auf, sie wird glücklich sein; und sie verdient es. Gestern besuchte sie mich, und als wir allein waren zog sie einen Brief aus ihrem Portefeuille, und bat mich ihn zu lesen. Sie werden daraus ersehen, fügte sie hinzu, was meiner Verbindung mit Mr. B. im Wege steht ... Meine Neugier nimmt zu, ich öffne ihn und finde darin das Folgende:

«Liebenswürdige Erwählte meines Herzens
Diese Reise ist glücklich zu Ende, und ich bin gesund hier angekommen. Obgleich die Zeit so knapp ist daß ich es Ihnen nur in wenigen Worten melden kann, fühle ich doch in diesem Augenblick einen Trost, der mir die Betrübnis ein wenig lindert welche ich bisher verspürt. Sie kennen mein Herz teure Lisette, Sie wissen daß ich Ihnen alles opfere, und dies verbürgt Ihnen daß es niemals aufhören wird Ihnen zu gehören. Je weiter ich entfernt bin, desto größer wird der Kummer, und ich wäre der unglücklichste der Menschen, gäbe nicht eine mächtige Hand mir Halt. Gott der alles weiß wird uns seinen Segen um den wir ihn gemeinsam anrufen nicht vorenthalten. Trösten Sie sich mein Engel, meine aufrichtige Liebe und meine

beständige Treue sind Ihnen auf ewig geweiht Ich werde oft Gelegenheit haben Ihnen diese Versicherung zu wiederholen. Umarmen Sie Ihre Frau Mutter, und seien Sie versichert daß ich nur für Sie lebe und daß ich mit diesen Empfindungen sterben werde, und immer bin.

Amsterdam   der Ihrige

den 6. Dez. 1768.   Dorval»

Nun gut meine Liebe, sagte ich zu ihr nachdem ich ihn gelesen hatte, ich bin noch nicht im Bilde. Wer ist denn dieser Dorval? Woher stammt er? Wie haben Sie ihn kennenlernen ... Das sind zu viele Fragen auf einmal, haben Sie Geduld, und Sie werden alles erfahren. Dorval, fuhr sie fort, ist einer der angesehensten, und reichsten Kaufleute von Coppenhagen; geschäftlich ist er einem schon älteren Manne verbunden dem er den größten Teil seines Vermögens verdankt. Dieser ein wenig launische, und sehr fürs Geld eingenommene Kompagnon schlug ihm vor einiger Zeit eine Heirat in Amsterdam vor mit einem Fräulein das zwei Millionen besitzt. Dorval, ohne sich von der ungeheuren Größe dieses Vermögens blenden zu lassen, nimmt sich vor die Dame aufzusuchen. Er reist ab, kommt an, sieht sie, sie rührt ihn nicht. Doch will er nichts übereilen, er bittet um Zeit zum Nachdenken, man gewährt sie ihm. Um die Entscheidung ein wenig hinauszuzögern, macht er eine kleine Reise, und kommt hierher. Ihm, der schon dreimal durch ganz Europa gereist ist, ihm, sage ich, schien diese Reise nur ein Zeitvertreib. Er logiert im Römischen Kaiser; Sie wissen daß ich dort sehr gut bekannt bin; denn Mr. B. ist der Onkel des Wirts. Ich gehe hin um Madame zu besuchen; Dorval kommt herein, sieht mich, hält verdutzt inne, verbeugt sich vor mir, und geht hinaus. Wir denken ihm sei unwohl geworden, aber nach einer Viertelstunde kommt er zurück, stellt sich neben mich, spricht zu mir, und zeigt so viel Geist in dem was er sagt, daß ich ihn mit Vergnügen höre. Wir unterhalten uns bis zum Abend, und trennen uns mit dem Bedauern daß die Zeit so rasch verging. Kaum bin ich fort, sucht er Mr. und Madame B. auf. Meine lieben Freunde spricht er zu ihnen, wundern Sie sich nicht über das was ich Ihnen sagen werde. Ich bin bezwungen auf ewig, die Reize von Miss Lisette und mehr noch die Schönheit ihrer Seele haben mich in Fesseln geschlagen. Mein Entschluß ist gefaßt, ich will ihr mein Herz schenken, und meine Hand, raten Sie mir ... – Mein Gott; mein lieber Dorval was haben Sie vor? Sie sind gebunden; was würde Ihr Kompagnon sagen? Sie hat nichts; und die zwei Millionen? – Die begehre ich nicht. Sie sehen in mir einen uneigennützigen Mann. Wie teuer käme mich dieses Vermögen zu stehen, besonders jetzt, besonders nachdem ich Miss Lisette gesehen habe, nein daraus wird nicht. – Mein lieber Dorval beruhigen Sie sich, lassen Sie dieses erste Feuer vorübergehen, ihr jungen Leute steht alle Augenblicke in Flammen – Ich, Monsieur? Glauben Sie das niemals. Ich habe alle Schönheiten Europas gesehen, keine außer ihr hat mich gerührt. Fürchten Sie nicht daß diese so plötzliche Leidenschaft mit der Zeit erlöschen könne, nein ich weiß wozu ich imstande bin; ich bin zum erstenmal verliebt, und ich werde es auf ewig bleiben – Wir wollen Ihrem Glücke nicht im Wege stehen Dorval, doch bedenken Sie es wohl; wenn Sie alle Schwierigkeiten beseitigen können, werden wir uns gemeinschaftlich bemühen Sie glücklich zu machen – Ach Monsieur, ach Madame, was werde ich Ihnen nicht zu verdanken haben! Doch daß sie von meinen Absichten nichts erfährt, daß ihre Mutter nichts merkt; nur aus freien Stücken soll sie mein sein. Und wenn ich das Unglück habe ihr zu mißfallen, wenn sie für mich nur Gleichgültigkeit empfindet; werde ich gehen, ohne den Versuch sie zu überreden; ich werde sie nicht mehr sehen; dann soll sie glücklich sein in den Armen des Mannes den ihr Herz erwählt; aber nie, niemals wird sie einen finden der sie mehr liebt als ich – Hier endet das Gespräch; das mir sodann von Madame B. mitgeteilt wurde ... – Kurz was soll ich Ihnen sagen, meine Liebe, ich fühlte wohl daß ich ihn liebte ... Ich sah ihn oftmals, ohne daß er je wagte mir von seiner Liebe zu sprechen; ich entdeckte an ihm tausend schöne Eigenschaften. So verging ein ganzer Monat, als die Zeit der Weinlese nahte; wir waren alle bei Mr. B. dem Witwer, der mir seit jener Zeit nicht mehr nachstellte. Es war große Gesellschaft in seinem Garten, wir tanzten; ich bemerkte wie ich zunehmend Eindruck auf Dorvals Herz machte. Ich hatte mich ein wenig zu sehr erhitzt, und da ich mich unwohl fühlte, ging ich hinaus; ein offenes Kabinett bietet mir eine ruhige Zuflucht, ich werfe mich auf ein Kanapee, aber kaum war ich dort ein paar Minuten, als man durch das ganze Haus nach mir rief, schließlich kommt Dorval herein ... Da,

meine Liebe, offenbarte er mir seine Leidenschaft ... er
sagte mir alles was eine aufrichtige Liebe eingeben kann ...
Ich war verwirrt ... er sah daß er mir nicht gleichgültig
war. Nach einer langen Unterredung, kehrten wir zu der
Gesellschaft zurück – Seit jener Zeit entstand ein herzli-
ches Verhältnis zwischen uns, er teilte seine Pläne meiner
Mutter mit, und Mr. B. dem Witwer, der verwundert darüber schien ... Er ließ keinen Tag verstreichen ohne mich
zu besuchen, wir wurden uns über alles einig, in einem
Jahr soll Hochzeit sein, dann wird er mich nach Paris,
nach London, nach Amsterdam und von dort in sein Vaterland führen. Ach meine Liebe nun sind alle meine
Wünsche erfüllt; seit meiner zartesten Kindheit, wünschte
ich die Welt zu sehen; ich werde glücklich sein, und ich
werde nichts vermissen, außer Ihnen, die ich verlassen
muß, doch wäre es ein großer Trost für mich, wenn ich Ihr
Glück gesichert sähe, bevor ich von hier fortgehe – Der
Himmel segne Sie meine liebe Lisette, sprechen wir von
Ihrer Glückseligkeit und nicht von der meinigen; wo ist
Dorval denn jetzt? – In Amsterdam, von wo ich soeben
jenen Brief erhielt den ich Ihnen gezeigt habe, dort ist er
damit beschäftigt seine in die Wege geleitete Eheschließung rückgängig zu machen, und versucht seinen Kompagnon zu beruhigen, ich hoffe es wird ihm gelingen.
Aber meine liebe Cornelia, wenn ich mir den Tag seiner
Abreise vergegenwärtige, kommt all mein Blut in Wal-
lung. Aufs tiefste betrübt trat er in mein Zimmer – Ich
gehe fort, rief er aus, ich verlasse Sie ... Dann stürzte er mir
zu Füßen, und benetzte meine Schürze mit seinen Tränen,

87

zwanzigmal kehrte er um, mich anzusehen, er sah meine Bestürzung, schien befriedigt darüber; endlich faßt er sich ein Herz, und geht. Mein Schmerz war grenzenlos; doch nach und nach beruhigten mich die Überlegungen die ich anstellte. Was ist ein Jahr! dachte ich, und alsdann ist er für immer dein. Sein Porträt in meinem Zimmer ist mein Alles. Sie werden es sehen meine Liebe, und Sie werden über meine Wahl urteilen; allein nicht sein Äußeres, seine Seele liebe ich, und diese Liebe wird nie erlöschen – Ich bitte Sie meine Lisette, wie verhält sich Mr. B. und was sagt er zu alledem? – Ich war gestern dort, er führte mich an das Fenster und fragte mich ganz leise: Wem soll ich künftig vertrauen, Mademoiselle, da Sie mich verlassen? Ich glaubte Ihrer sicher zu sein; ich verschob meine Erklärung von Tag zu Tag, und das ist nun die Strafe. Keine Frau wird mich nach Ihnen mehr fesseln können; niemals werde ich heiraten. Seien Sie glücklich mit Dorval, ich kenne ihn, er ist ein Ehrenmann; keine Wolke trübe Ihre Verbindung; aber erwarten Sie nicht daß ich Sie vergesse – Ich wollte dieser Rede eine scherzhafte Wendung geben, allein er schwor daß er es ernst meine.

den 8. Januar 1769.

Ich bin voller Freude; denken Sie meine Liebe ein reicher Neffe von Lisette ist gestorben, und hat sein ganzes Vermögen ihrer Mutter vermacht. Nun sind diese Leute aus der Verlegenheit, in die ihre geringen Einkünfte sie brachten. Die übrigen Verwandten des Verstorbenen die nur geringe Zuwendungen erhalten werden, überredeten ihn ein neues Testament zu machen, doch starb er vor der Unterschrift; so daß nur das erste gültig ist – Lisette hat unterdessen zwei Briefe von Dorval erhalten, sie sind voll zärtlicher Beteuerungen, allein er spricht nicht über den Fortgang seiner Angelegenheiten. Er wird seine Gründe haben, und ich habe die meinigen aufzuhören.

den 13. Januar

Ich habe heute an Mlle Meixner geschrieben, bitten Sie sie mir zu vergeben daß ich so lange säumig war. Wir sprachen kürzlich von ihr bei Herrn Rat Moritz, der für meinen Bruder anläßlich seiner Genesung ein Essen gab – Ich muß Ihnen etwas im Vertrauen sagen; Müller und mein Bruder stehen nicht mehr so gut miteinander, wie früher, ihre Grundsätze sind verschieden, weil das Denken meines Bruders auf Erfahrung beruht, während M. das seinige nur dem Bücherstudium verdankt. Zudem hat er sich während der letzten schweren Krankheit, meines Bruders, sehr kalt betragen, und ich beginne selbst zu ahnen daß seine Prinzipien zur Weltkenntnis nicht taugen – Sie werden sich mehr und mehr selbst von den Gesinnungen meines Bruders überzeugen, wenn Sie auf sein Betragen achtgeben, denn er spricht nur wie er denkt.

Dienstag den 24. Jan.

Dieser Winter vergeht mir sehr schnell, ich weiß nicht wo er geblieben ist; ob ich gleich die lauten Lustbarkeiten nicht besuche, habe ich deren doch andere die mich sehr ergötzen; und zwar, jeden Freitag Konzert, und dienstags unsere große Gesellschaft. Miss B. eine unserer reichsten Reformierten, ist die erklärte Gemahlin von Saint Albin. Er ist einer der volkommensten jungen Männer, von glänzendem Äußeren, und die Frische der Jugend strahlt auf seinem Antlitz. Er hat viel Geist, und mehr Ernst als ein Franzose haben muß. Ich bin eine vertraute Freundin von Miss Marie B. und ich glaube daß St. Albin mich darum liebt, er hat mehr Aufmerksamkeit für mich, als ich verdiene, und wenn Miss Marie seines Herzens nicht so sicher wäre, könnte sie eifersüchtig werden. Gestern abend brachte er mich im Wagen nach Hause. Lange schwieg er, dann plötzlich, wie wenn er aus einem Traum erwachte, fragt er mich mit Eifer: Liebe Miss wann werde ich Sie wiedersehen? – Ei entgegnete ich ihm lachend was liegt Ihnen daran mich zu sehen – Meine liebenswürdige Miss, Sie wissen nicht ... Sie glauben nicht ... was soll ich sagen? Doch nein ich will nichts sagen... Miss kommen Sie morgen auf den Ball? – Nein ich gehe nicht, man hat es mir mit Rücksicht auf meine Gesundheit verboten; Miss Marie wird hingehen, und das genügt Ihnen doch. Glücklicher Saint Albin, bald werden Sie mit diesem liebenswürdigen Mädchen vereinigt sein, was wünschen Sie mehr? – Ich? ... Nichts als ... Ihre Freundschaft ... versprechen Sie sie mir. –

Ja Saint Albin, und hier meine Hand zum Pfande, solange Ihre reizende Gemahlin mir die Ehre ihrer Freundschaft erweist, haben Sie Anspruch auf die meinige; ich werde Sie immer schätzen wir werden zusammen als Freunde leben; wir werden uns oft sehen... – Oft Miss! Ist das wirklich wahr? Bleiben Sie bei dieser Meinung, aber ... – Nun aber was gibt es noch? Da hielt der Wagen, er ergriff meine Hand. – Sie kommen also nicht auf den Ball – Nein sag ich Ihnen, aber nächsten Dienstag zu Miss Philippine – Leben Sie denn wohl bis dahin ich werde gewiß dort sein; vergessen Sie Ihr Versprechen nicht – Nein nein Saint Albin ich vergesse es nicht – Was wollte er mit alledem sagen meine Liebe; Närrin die ich bin er hat sich verpflichtet geglaubt mir ein paar Komplimente zu machen das ist alles; ich kann Ihnen nicht sagen wie sehr ich ihn schätze, und wie sehr er es verdient. Sie werden ihn kennenlernen meine Liebe, und Sie werden über mich urteilen. Für diesmal leben Sie wohl.

Dienstag den 31. Jan.

Was ich Ihnen zu sagen habe, wird Sie gewiß erschüttern, Saint Albin ... ach mein Kind, er ist nicht mehr. Grausamer Gedanke der mir jedes Gefühl raubt. Heute wird er beerdigt – ach es ist unmöglich. Allein es ist nur zu wahr er ist tot, und ich werde ihn nicht mehr sehen. Unglückliche Marie was wirst du tun? Wenn ich an ihrer Stelle wäre – Himmel – aber ich weiß nicht was ich da schreibe. Vergeben Sie meinem Schmerz meine Liebe, ich habe einen Freund verloren der mir teuer war; und wie? Werde ich es aussprechen können? Dieser elende Ball – er erhitzte sich zu sehr, ein entzündliches Fieber trat auf; und er der liebenswürdigste der Männer, in der Blüte seiner Jahre, in der glücklichsten Lage, mußte sterben. Lieber Saint Albin, ich hatte Dir versprochen daß heute – und dies ist nun der Tag seiner Beerdigung – Was wird Marie tun? Was tun seine Eltern, die all ihre Hoffnungen – Leben Sie wohl meine Gute ich kann nicht mehr – Haben Sie Acht auf diesen Brief.

G C

11. FEBRUAR - 11. MÄRZ 1769

Samstag den 11. Febr.

Freude und Vergnügen rücken um so ferner, je mehr ich mich ihnen zu nähern versuche; nein meine Liebe, diese Erinnerung wird nicht so bald erlöschen, obgleich der erste Schmerz vergeht, und eine ruhigere Empfindung ihm nachfolgt; diese schmerzliche Ruhe ist darum nicht weniger empfindlich; indessen finde ich darin eine gewisse Wollust, und sie wird mich lange erfüllen. Sie mein Kind, die Sie ein zärtliches Herz haben, vergegenwärtigen Sie sich die Lage in der ich gestern war, und sehen Sie ob ... doch ich sage nichts, Sie werden über alles selbst urteilen. Mehr traurig als vergnügt ging ich gestern ins Konzert, weil ich befürchtete Personen zu begegnen, die mich wieder an Saint Albin erinnerten; ich glaubte alle würden davon sprechen, ich setzte mich in Gedanken an Miss Marie, ach wie ist sie zu beklagen, sagte ich bei mir selbst, nichts kann ihrem Schmerz gleichen, sie ist untröstlich, und gewiß wird sie nicht mehr herkommen, alles würde sie an ihren liebenswürdigen Gemahl erinnern, um den sie immer weinen wird, wie schal würde ihr diese Musik vorkommen; ich empfinde sie schon so, ich, die nur einen Freund verloren hat. Miss Philippine setzt sich neben mich ohne daß ich es bemerke, endlich fragt sie mich lachend woran ich dächte. Ich entschuldige mich, allein ich wage nicht von ihrer Cousine zu sprechen, ich wundere mich schon daß sie nicht selbst davon anfängt; und weil ich ein neues Unglück befürchte, bin ich im Begriffe sie danach zu fragen, als die Türe aufgeht, und Miss Marie in der pompösesten Trauerkleidung eintritt. Ich bin stumm, ich erbleiche; und da ich mich fürchte ihrem Blick zu begegnen wende ich mich ab. Sie setzt sich hinter mich, ich bin froh darüber; tausend und abertausend Gedanken drangen verwirrend auf mich ein. Aus meiner Entrückkung werde ich von Miss Philippine geweckt die ihren Stuhl zurückschob um mit Marie zu sprechen. – Nun meine Cousine sagte sie zu ihr ist die Traurigkeit bald vorüber? – Oh was die Traurigkeit betrifft! entgegnete Miss Marie lachend, die kann nicht vorübergehen, weil ich doch gar keine empfunden habe, mein Herz, heiterer als je, ist beleidigt durch diese Trauerkleider, welche die Pflicht mich zu tragen nötigt – Ich verstand nichts mehr ob sie gleich noch weiter sprach, alle meine Seelenkräfte stockten. Ein Zittern bemächtigte sich all meiner Glieder; ich mußte mich bezwingen; alle Augen waren auf mich gerichtet; ich bemühte mich eine gleichgültige Miene aufzusetzen; und verschloß den Kummer in meinem Herzen. Was mich diese Augenblicke kosteten; versetzen Sie sich in meine Lage, ach meine Liebe ich kann Ihnen nicht sagen was ich dachte – Nichtswürdige Marie; unglückseliger Saint Albin; rief ich aus; aber nein, du bist glücklich; tausendmal glücklicher jetzt, als wenn du solch eine Frau gehabt hättest. Gott bewahrte ihn davor indem er ihn von dieser Welt nahm, für die er zu gut war – Was Unglückliche, du hast ihn also nicht geliebt? Ihn der dir seine ganze Zärtlichkeit weihte, der jeden Augenblick fürchtete dich zu verletzen; der nur daran dachte dir zu gefallen. Undankbare, du verdientest seine Liebe nicht; nein du verdientest nicht den geringsten seiner Blicke. Nenne mich nicht mehr deine Freundin; die habe ich aufgehört zu sein sobald ich dein Innerstes erkannte – Vergeben Sie mir meine liebe Katharina daß ich Sie mit Dingen unterhalte die Sie so wenig interessieren, aber ich glaube daß Sie demungeachtet meine Empörung teilen, obwohl Sie diejenige welche sie verursachte nicht kennen. Ich werde Ihnen nicht mehr davon sprechen, weder von Marie, noch von meinem verlorenen Freunde, indessen glauben Sie darum nicht daß ich ihn vergessen hätte –

Mittwoch den 15. Februar.

Gestern besuchte mich Ihr Fräulein Schwester, und brachte mir Ihren Brief, er war schön, gestehe ich, doch bedauerte ich daß Sie meinen letzten da noch nicht hatten um mir Ihre Meinung über die Dinge zu sagen die er enthält. Also ein andermal, und Sie müssen nicht alles auf einmal schreiben, machen Sie es wie ich. Sie teilen mir viele Neuigkeiten mit, aber keine berührt Sie besonders; haben Sie mir denn gar keine Herzensangelegenheit anzuvertrauen? Oder mißtrauen Sie mir vielleicht – Der Barmherzige und Miss Lisette, kommen recht gut miteinander aus, allein auf eine distanzierte, und hochmütige

Weise; Dorval nimmt sie ganz ein, nur von ihm will sie reden hören; jede andere Unterhaltung kommt ihr schal vor. In seinem sechsten Brief hat er vor nach London zu gehen, wo er jetzt sein wird; wie oft sind diese Briefe gelesen, und geküßt worden; immer glaubt man seinen angebeteten Gegenstand zu sehen und zu hören. Ich verspotte sie oft damit, aber sie sagt zu mir, eine Zeit werde kommen da werde ich ebenso handeln, und alsdann will sie sich über mich lustig machen. Da wird man vergeblich warten, diese Zeit kommt niemals – Mein Bruder hat Ihrem Fräulein Schwester ihren Brief weggenommen, er hat sie so sehr darum gebeten daß sie nicht widerstehen konnte. Sie werden ihm viel Vergnügen bereiten wenn Sie schreiben; er freut sich immer sehr über Ihre Briefe, und da er ja noch in sein Zimmer gebannt ist, ist es eine gewisse Erholung für ihn.

den 1. März.

Gestern war ich in der großen Gesellschaft bei Ihrer reizenden Cousine. Was für schöne Damen! Und welch ein Pomp! Nein meine Liebe, ich kann es Ihnen nicht beschreiben. Ihr Fräulein Schwester und ich, wir mußten mehrere Male laut lachen. Fragen Sie sie wenn sie wieder bei Ihnen ist, nach den Einzelheiten eines gewissen Gesprächs über das Lesen. Miss Lisette war in eine verliebte Träumerei versunken, sie achtete überhaupt nicht auf ihr Spiel. Ich zog sie damit auf; und da wurde sie rot bis über die Ohren. Dieser Dorval muß ein wunderbarer Mann sein. Sein Stil ist etwas überspannt muß ich gestehen; allein mein Kind Sie sollten die Briefe sehen die sie ihm schreibt. Man müßte sie drucken – wie boshaft ich bin; nein sie sind recht hübsch, außer daß es ein wenig weit geht, wenn man zu viel Liebe zeigt

Samstag den 11. März

Unser Winterkonzert ist zu Ende; gestern war es zum letzten Male. Nie hörte ich eine vortrefflichere Musik und alles trug dazu bei es herrlich zu machen. Meine Cousine Catherine und ich hatten einen glänzenden Auftritt. Ich hatte mehrere Burlesken im Kopf, und meine Cousine versprach mir bei ihrem Vortrag behilflich zu sein. Die feine Welt lief in Scharen herbei und wir mußten viele abgeschmackte Komplimente über uns ergehen lassen. Schließlich um das Maß voll zu machen trat der Barmherzige hinzu; er spricht mich augenblicklich an und sagt: Ich habe Ihnen Miss Lisette herbringen wollen, doch sie hat mir einen Korb gegeben, weil sie schon bei Mr. B. im Römischen Kaiser zugesagt hatte. Ich wäre zu tadeln gewesen hätte ich weiter darauf bestanden, die Gesellschaft ist zu angenehm, und hier fände sie nichts sie dafür zu entschädigen – Das könnte sein Monsieur; denn Lisette ist keine Liebhaberin von der Musik und würde sich daher langweilen – Oh unfehlbar! Denn wenn die Gedanken fern sind, findet man an nichts was uns umgibt Gefallen.

Aber liebe Miss, ich sehe Sie nicht mehr bei uns, und wenn Sie kommen erfahre ich es erst wenn Sie wieder fort sind. Miss Lisette ist so verschwiegen – Nun Monsieur was muß sie Ihnen Rechenschaft geben über den Besuch den sie empfängt, ich wüßte keinen Grund dafür, und welches Interesse haben Sie.. – Nun mein Gott Miss wie grausam Sie sind, Sie wollen mich nicht verstehen; denn meine Augen sind tausend Mal der Dolmetsch meines Herzens gewesen, wie oft haben Sie bemerken können ... aber ich sage nichts mehr, ich will die Gefühle die Sie weckten, und deren ich mich rühme, in meiner Seele verschließen. Ach Miss ich besitze ein Kleinod; das für mich der größte Schatz ist den ich in diesem Leben haben kann, das ist Ihr Porträt im Schattenriß. Ich gehe diesen Sommer fort, und ich will es mitnehmen; wäre es nur aus dauerhafterem Stoff, daß ich nicht fürchten müßte etwas daran zu verderben; ja ich gehe fort Miss; und ich ginge zufrieden wenn ich sicher wäre das Wohlwollen des Originals wiedergewonnen zu haben, das ich vor einiger Zeit durch die abscheulichste Arglist verlor – Monsieur um etwas verlieren zu können, muß man es besessen haben |: Dies brachte ihn aus der Fassung; und ich biß mir auf die Lippen, aus Furcht man könnte merken daß ich beinahe lachen mußte. Ich drückte meine Cousine Catherine die mich mit ihrem hübschen Gesichtchen so schelmisch anblickte, daß ich mich kaum mehr halten konnte, indessen wappnete ich mich mit all meinem Mute als er wieder zu sprechen begann, und zwang mich zu aufmerksamer Ernsthaftigkeit : | Verzeihen Sie mir Miss ... ich hatte mich also getäuscht ... doch nein Sie haßten mich nicht vor diesem unglücklichen Zerwürfnis ... und welche Ursache hätten Sie dazu auch gehabt ... ich habe Sie niemals beleidigt. .. Sie sind von meiner Unschuld überzeugt gewesen ... und doch ... aber ich will schweigen – I: Bei diesen Worten entfernte er sich und kam nach ein paar Minuten zurück: I Miss sind Sie allein hergekommen? – Meine reizende Cousine hat mich begleitet – Würden Sie mir gestatten Miss Sie heute abend nach Hause zu bringen? I: Ich war außer mir mein Kind; was sollte ich tun, ohne die ungereimteste Ausrede konnte ich es ihm unmöglich abschlagen; deshalb sprach ich zu ihm halb ärgerlich, halb lachend : I Sie werden uns viel Ehre erweisen mein Herr – Er beteuerte umständlich daß er mir nicht lästig fallen wolle; ich solle unbefangen sprechen, und was dergleichen Albernheiten mehr sind. Schließlich kam unser Wagen, wir gingen hinunter, stolz führte er mich durch die ganze Menge; mir aber war das zuwider; die liebenswürdige Katharina sah meine Pein, bedauernd dem nicht abhelfen zu können, drückte sie mir die Hand und beschwor mich Geduld zu haben. Wir brachten sie nach Hause, und schließlich war ich allein mit diesem Manne. Da fiel mir Saint Albin wieder ein. Welch ein Unterschied dachte ich; ach wenn er es wäre ... aber ich habe versprochen nicht mehr von ihm zu sprechen; hören Sie welche Szene sich im Wagen abspielte, und bleiben Sie ernst wenn Sie können. – Liebe Miss sprach er zu mir indem er seine Hand auf die meinige legte, dies Betragen wird Ihnen vielleicht ungehörig erscheinen; allein seit langem habe ich versucht Sie ohne Zeugen zu sprechen, die Gelegenheit ist so günstig, und Sie werden mir diese Freiheit verzeihen. |: Dieser Beginn erschien mir zu lächerlich um nicht laut aufzulachen; er bemerkte es nicht und fuhr folgendermaßen fort :| Ich habe Vermutungen Miss, begründete Vermutungen, daß Miss Lisette, und ihre Mutter großen Anteil an jenem Komplott haben, das mich Ihrer Gunst beraubt hat, und daß sie versucht haben und immer noch versuchen mich bei Ihnen anzuschwärzen. Sprechen Sie aus dem Grunde Ihres Herzens Miss, sagen Sie mir die Wahrheit, niemand soll etwas davon erfahren; ich beschwöre Sie seien Sie aufrichtig – Was soll ich Ihnen sagen mein Herr? Ich kann nur die Achseln zucken, und schweigen. Sie sollen jedoch wissen daß Sie nicht falsch vermutet haben was die Vergangenheit angeht; doch was die Gegenwart betrifft ... – Oh Miss verbergen Sie mir nichts, ich kenne diese Personen gründlich und ich glaube sie zu allem fähig – Aber was für ein Interesse sollten sie haben – Keines ... außer ... Miss dürfte ich wagen offen zu Ihnen zu sprechen. Sprechen Sie – Nun gut wissen Sie also Miss daß ich am Anfang unklug genug war Ihnen zu zeigen welchen Eindruck Sie auf mich gemacht hatten. Sie wurden eifersüchtig; die Mutter, beleidigt daß die Reize ihrer Tochter, welche sie den Ihrigen überlegen glaubte, nichts ausgerichtet hatten; wendete alle Mittel an mich Ihnen verhaßt zu machen. Die R..st. trug dazu bei, und gemeinschaftlich wirkten sie daran mit das Gift in Ihr Herz zu träufeln. Es gelang ihnen nur zu gut. Ich Unglückseliger konnte Sie von meiner Unschuld nicht überzeugen, alles war gegen mich; endlich gelang es mir mit vieler Mühe. Eine vollständige Erklärung war jedoch unmöglich weil ja die Mutter und die Tochter daran beteiligt waren ... Mir ward es bestimmt unglücklich zu sein, und immer werde ich es bleiben, wenn Sie mir nicht wieder Ihre Zuneigung schenken. Sagen Sie mir Miss, wollen Sie mich unaufhörlich hassen? Sprechen Sie ein einziges Wort, und ich bin der glücklichste der Sterblichen – Wenn Sie das beruhigt mein Herr will ich es sprechen. Ich versichere Sie meiner Achtung und meiner Freundschaft. Seien Sie glücklich, das wünsche ich von ganzem Herzen – Ich kann nicht mehr an mich halten meine Liebe, ich lache mich halbtot Leben Sie wohl.

G. C.

16. April - 22. Mai 1769

Sonntag den 16. Apr.

Es war mir unmöglich Mlle Meixner einen Brief für Sie mitzugeben, sie wird Ihnen von ein paar kleinen Begebenheiten erzählt haben; doch hatten wir so wenig Muße miteinander zu sprechen, daß sie nur die Hälfte dessen erfuhr was ich ihr mitteilen wollte – Der Barmherzige, oder besser gesagt Mr. G.. ist immer noch nicht fort. Zwanzigmal am Tag geht er an meinem Hause vorüber, ich weiß nicht in welcher Absicht. Miss Lisette besuchte mich vorgestern, nach den ersten Komplimenten sagte sie mir sogleich: Meine Liebe gestern waren wir beim Forsthause, Mr. B. der Witwer, Mr. G. und ich. Inständig baten sie mich Ihnen sagen zu lassen, Sie möchten uns mit Ihrer Gesellschaft beehren; doch wagte ich es nicht, die Furcht Sie könnten mich im Einverständnis mit Mr. G. wähnen dessen Gegenwart Ihnen immer lästig fiel, hinderte mich daran. Der arme Mann! Wie inständig er mich auch bat, wie oft er mich beschwor – ich war unerbittlich. Er erkannte dieses und als er sich erhob, sprach er zu mir mit Tränen in den Augen: Ich vermag nichts über Sie, alle meine Bitten haben keine Wirkung. Oh Miss wie täuschte ich mich da ich Sie zärtlich und empfindsam wähnte, wenn Sie es wären – hätten Sie da nicht Mitleid mit mir. Sie wissen nicht was ein liebendes Herz leidet – niemals haben Sie geliebt Was für ein Vorwurf meine Liebe, ich nicht lieben? Ich ließ mich rühren, rief die Dienstmagd, schickte sie zu Ihnen. Er dankte mir tausendmal und ging auf sein Zimmer. Bald sah ich ein, was für einen Fehler ich begangen hatte, ich glaubte Sie aufs tiefste zu kränken. Zu meinem Glück war die Magd noch nicht fort, ich unterwies sie, und kurz darauf war sie zurück, wie wenn sie von Ihnen käme, und brachte Ihre abschlägige Antwort, er war zugegen, ich konnte seinen Schmerz nicht ertragen, ich ließ ihn allein – – Das war nicht wohlgetan Lisette – Wie! Hätten Sie mit uns gehen wollen? – Gewiß. – Sie – Ich, meine Liebe, mag niemanden beleidigen; jetzt kann er meinen daß ich ihn meide, oder daß ich ihn fürchte. Pfui pfui, Lisette machen Sie Ihre Torheiten auf eigene Rechnung, und nicht für mich – Sagen Sie ihm nichts ich bitte Sie – Nicht bis er mich fragt, aber dann werde ich meine Ehre zu verteidigen wissen; und um Ihnen zu zeigen daß ich ihn nicht meide, werde ich Sonntag zu Ihnen kommen – Habe ich nicht recht getan meine liebe Katharina ihr das zu versprechen; ich gehe heute nach Mittag hin; und ich will mich so betragen daß man sehen kann daß ich niemanden fürchte.

Montag den 17. Apr.

Als ich gestern bei Lisette eintrat traf ich ihre Mutter und eine Dame aus ihrer Bekanntschaft an; nach dem Kaffee spielten wir Quadrille. Um sechs Uhr läßt Monsieur sich melden und kommt im selben Augenblick herein. Er begrüßt uns allgemein, dann stellt er sich gegen mir über und sieht mich eine geschlagene Viertelstunde an. Er erlaubt sich nicht mir näherzukommen, allein Madame bittet ihn in spöttischem Ton darum, und er setzt sich zwischen uns beide Mädchen. Ich spreche zu ihm mit vieler Freundlichkeit; Lisette betrachtet mich eifersüchtig, und Madame, die sich beleidigt fühlt, will sich dafür rächen indem sie mich wegen meiner Zerstreutheit, und meiner Unaufmerksamkeit beim Spielen verspottet. Ich tat so als verstünde ich nicht was sie meinte; aber man fuhr den ganzen Abend lang in der nämlichen Weise fort. Das empörte mich; ich nahm mich indessen zusammen wenngleich mit Mühe, bis acht Uhr; endlich verabschiedete ich mich; Mutter und Tochter wechselten die Farbe als sie sahen daß er mich zurückbegleiten wollte. Zittert die Unschuld? Ach meine Liebe das schlechte Gewissen verrät den Verbrecher. Als wir auf der Straße waren sagte er sogleich: Diese Woche hat man mich zweimal beglücken wollen, durch Ihre Gesellschaft, aber jedes Mal folgte der Einladung eine abschlägige Antwort; ich beschwöre Sie Miss; sagen Sie mir, ist es Groll, oder .. – Davon weiß ich nichts mein Herr man hat mich nicht eingeladen, ich habe also auch nicht kommen können – O wie berechtigt mein Argwohn war! ruft er aus; ich ahnte die Wahrheit wohl. Liebe Miss man hat uns schändlich hintergangen; wenn Sie wüßten was für Lügen erfunden worden sind; wie viele scheltungswürdige Geschichten .. – Was mein Herr! Sprechen Sie zu Ende – Ja Miss Sie sollen alles wissen – Was er mir da berichtete meine Liebe höllische Erfindungen, um uns zu entzweien, offensichtliche Lügen; kurz was soll ich Ihnen sagen? Allzu spät erkannte ich daß ich ihm vier Jahre lang unrecht getan hatte; daß meine Leichtgläubigkeit daran schuld war, und daß er keinen Fehler begangen hatte als den mich zu sehr zu schätzen. Bin ich nicht das tadelnswürdigste der Mädchen? Schelten Sie mich meine Liebe, denn ich verdiene es – Er hatte mir noch viel zu sagen, als wir an meiner Türe waren, Ach Miss rief er aus, die Hauptsache bleibt mir noch Ihnen mitzuteilen; und ich werde Sie nicht mehr wiedersehen, was ich Ihnen gesagt habe sind nichts als Lappalien dem gegenüber, soll ich nicht noch einmal das Glück haben können .. – Das ist ganz unmöglich. Leben Sie wohl, vergeben Sie mir – Ich Ihnen vergeben Miss? Ach mein Gott ... und dies ist also das letzte Mal ... ich Unglückseliger – Da wird die Türe geöffnet und ich gehe hinein, das Herz zerrissen von tausend verschiedenen Gedanken – Bedauern Sie mich nicht ich verdiene es –

den 1. Mai 1769

Mr. B. der Witwer gibt heute einen großen Ball, in seinem großen Saal im König von England. Ein großer Teil unserer Stadt wird mit dem nötigen Pomp daran teilnehmen; mit einem Wort man wird den Aufwand auf die Spitze treiben. Ich bin auch eingeladen allein ich wage nicht hinzugehen weil das meiner Gesundheit schaden könnte. Miss Lisette wird die Ballkönigin machen, aus diesem Anlaß kleidet sie sich ganz in Schwarz, mit blaß-rosa Putz, um etwas Besonderes zu haben. Ihr schwarzer Hut ist übersät mit Diamanten, man wird wie ich glaube viel darüber klugschwatzen; allein vielleicht täusche ich mich. Ich werde meine Cousine Catherine besuchen die wegen ihrer schwachen Gesundheit auch verhindert ist hinzugehen, wir wollen ihre Schwestern unvergleichlich herausputzen, ich habe mir vorgenommen ihnen den Kopf zu schmücken in einer Weise, daß Lisettes Diamanten all ihre Wirkung verlieren sollen. Vielleicht werde ich Ihnen berichten können was sich da ereignete, wenn ich nur nicht immer vom Schreiben abgehalten würde.

Freitag den 5. Mai

Die Gelehrten haben recht Bälle zu verbieten, sie sind für die Jugend allemal schädlich. Wie viele machte dieser letzte nicht unglücklich! Sie müssen sterben diese armen Menschen; und auf einen Streich; sind sie nicht zu bedauern? Miss Lisette ist die Ursache dieses Verhängnisses; als sie den Saal betrat bezwang sie vierzig Herzen auf einmal, sie stritten sich um den Vorzug ihr nahe zu sein und kurz darauf hörte man nur Wehklagen und Schmerzensrufe. Ein junger Kavalier von der reizendsten Gestalt, nahm seinen Freund beiseite und sagte ihm ins Ohr: Ich bin verloren mein Lieber, ganz und gar verloren! Seit einer Viertelstunde betrachte ich was ich zu besitzen wünschte, wenn ich dieses Glück um den Preis meines Blutes erkaufen könnte, hielte ich mich für den glücklichsten der Menschen; was sagst du zu meiner Wahl? Schau sie an, es ist die die mit dem Grafen von Nesselroth tanzt, welche Anmut! Welch göttliche Haltung! Kann man sie sehen ohne sie zu lieben? Ich habe sie Miss Runkel nennen hören – doch du antwortest mir nichts, du wendest das Gesicht ab; und Tränen ... ach erkläre dich ... Verzweiflung ist in deinem Blick – Wir Unglückseligen! rief der andere aus also sind wir Rivalen – Rivalen? – Ja mein Freund ich liebte Lisette seit ich sie erblickte, nichts kann mich heilen, und wenn sie meine Liebesglut nicht billigt, wird allein der Tod .. – Bei diesen Worten entfernten sie sich von dem Ort wo meine Cousine Antoinette das ganze Gespräch mit angehört hatte ohne daß ihre Verzückung es ihnen zu bemerken erlaubte. Welch gefährliche Gabe ist doch die Schönheit! Ich bin froh sie nicht zu haben; wenigstens mache ich niemanden unglücklich. Das ist ein gewisser Trost, und doch wenn ich ihn abwäge gegen das Vergnügen schön zu sein, verliert er all seinen Wert. Sie werden schon gehört haben daß ich viel auf ein einnehmendes Äußere gebe, doch vielleicht wissen Sie noch nicht, daß ich es für unbedingt notwendig halte zum Lebensglück, und daher glaube daß ich niemals glücklich sein werde. Ich will Ihnen erklären was ich über diesen Gegenstand denke. Es ist offensichtlich daß ich nicht immer Mädchen bleiben kann, überdies wäre es sehr lächerlich sich das vorzunehmen. Wenn ich gleich seit langem die romanhaften Vorstellungen von der Ehe aufgegeben habe, so konnte ich doch niemals eine erhabene Idee von der ehelichen Liebe auslöschen, jener Liebe, die nach meinem Urteil allein eine Verbindung glücklich machen kann. Wie kann ich eine solche Glückseligkeit erhoffen, da ich gar keinen Reiz besitze der zärtliche Empfindungen wecken könnte. Werde ich einen Mann heiraten den ich nicht liebe? Dieser Gedanke flößt mir Abscheu ein, und doch wird das der einzige Ausweg sein der mir bleibt, denn wo sollte ich einen liebenswerten Mann finden der an mich dächte. Glauben Sie nicht meine Liebe das wären Fratzen; Sie kennen die verborgenen Falten meines Herzens; ich verheimliche Ihnen nichts, und warum sollte ich auch? Meine einzigen Freundinnen denen ich mich anvertrauen kann sind Sie und Mlle Meixner. In Mlle Lisette glaubte ich eine Freundin auf ewig gefunden zu haben, allein das währte nicht lange, der allgemeine Beifall der vornehmen Welt verdirbt sie. Stolz auf ihre Eroberungen verachtet sie jedermann, und wenn sie auch einzig Dorval liebt, gefällt ihr doch der Weihrauch den so viele Herzen ihr darbringen unbeschreiblich, überall prahlt sie damit, und empfindet es insgeheim als Triumph uns durch ihre Reize zu demütigen. Urteilen Sie selbst meine Liebe ob sie mit diesen Gefühlen eine treue Freundin sein kann. Es gab eine Zeit da sie sich, in der Gesellschaft kaum bekannt, durch meine Freundschaft glücklich glaubte, allein diese Zeit ist nicht mehr, und ich sehe daran, daß dies der Lauf der Welt ist.

Mittwoch den 11. Mai

Endlich ist Mr. G. fort; nachdem er das Glück gehabt mich noch einmal zu sprechen. Meine Liebe hätten Sie dieses Gespräch gehört, Sie hätten laut gelacht. Ich für mein Teil war so ernsthaft, wie der Anlaß es erforderte. Er war tief betrübt, und ich halte es nicht für Verstellung. Wir sprachen über Lisette, und er versicherte mir daß er sie stets sehr schätzen werde, ob sie gleich die Hauptquelle all seines Unglücks sei, denn, fuhr er fort, ich wäre weniger unglückselig gewesen wenn .. allein das ist vorbei, und ich will es vergessen, ich wünsche von ganzem Herzen daß sie mit Dorval glücklich ist, und daß ihre Verbindung – Was mein Herr Sie haben also auch – Wie könnte ich es nicht wissen? Ich kenne ihn sehr gut, und meine eigenen Augen sagten es mir von Anfang an – Doch wie denken Sie über diese Heirat mein Herr, es ist ein großes Glück für Lisette er soll sehr liebenswürdig sein, und sehr reich, was kann sie mehr wünschen – Erlauben Sie Miss daß ich die Achseln zucke, und Ihnen sage daß die Ehe noch nicht vollzogen ist – Er verstummte und wechselte den Gesprächsgegenstand ich weiß nicht meine Liebe was er hat sagen wollen; Dorval betet Lisette an, alle seine Briefe bezeugen es; und er ist ein zu rechtschaffener Mann um sie zu täuschen. Es ist nicht einmal wahrscheinlich daß er nur einen Zeitvertreib sucht da doch so viele Personen seine Absicht kennen; lassen wir auf sich beruhen was alles sein könnte und warten wir die Zukunft ab, die diese Geheimnisse aufdecken wird.

Montag den 22. Mai

Ich lebe jetzt sehr ruhig, allein diese Ruhe hat keine
Reize für mich; ich liebe die Abwechslung, die Aufregung,
das Getümmel der großen Welt, und die lärmenden Lustbarkeiten. Alle Tage sind so gleichförmig, denn den
Sommer über gibt es keine Kränzchen, noch irgendeine
öffentliche Belustigung. Sie werden mich vielleicht schelten wollen, weil Sie denken ich könnte mich doch wohl für
all das schadlos halten indem ich spazierenginge, allein
ich versichere Sie daß dieses hier eine sehr lästige Angelegenheit ist; wenn man ausgeht und hat nicht stets eine
wohlgewählte Begleitung, machen sich die Leute darüber
lustig und klatschen unbarmherzig. Sie werden sagen daß
ich mich darum nicht bekümmern soll; doch ich kann
nicht anders. Ich habe meine starken Gründe mich zurückgezogener zu halten denn je; es gibt gewisse Leute die
ein wachsames Auge auf mich haben, und aus diesem
Grunde merken sie auf meine kleinsten Schritte. Wenn ich
sie gleich niemals werde achten können, so will ich ihnen
doch keine Gelegenheit geben sich eine weniger vorteil-
hafte Meinung über meine Aufführung zu bilden, als sie
gegenwärtig haben. Leben Sie wohl meine Liebe, bleiben
Sie mir weiterhin wohlgesonnen; und vergessen Sie mich
nicht.

G. C.

16. Juni - 16. August 1769

Freitag den 16. Juni

Ihr Fräulein Schwester schickte mir vorige Woche Ihren Brief, ich weiß nicht warum sie ihn mir nicht selbst gab, denn da ich sie sehr selten sehe habe ich ihr den ihrigen noch nicht einhändigen können. Es erscheint mir erstaunlich daß Sie dieses gute Kind so lange unter dem Joch einer Frau seufzen lassen die an Wunderlichkeit nicht ihresgleichen hat wie mir scheint; allein ich kann mich auch täuschen – Der Brief Ihrer neuen Cousine ist sehr reizend, niemals habe ich einen so vollkommen Stil gelesen; und Sie können den Bruder einer so liebenswürdigen Person verschmähen, zumal einen Ehrenmann so glänzenden Standes, nein, daraus werde ich nicht klug. Um indessen ernsthaft zu reden ich bin auch der Meinung daß ein stutzerhafter Kirchenmann die lächerlichste Figur ist die einem unter die Augen kommen kann. Neulich habe ich eine Probe davon bekommen, als ich zufällig einem reformierten Prediger begegnete. Er betrachtete mich lange durch ein Augenglas, dann trat er zu mir heran und richtete so galant das Wort an mich, und sagte mir in dieser kurzen Zeit so viele Schmeicheleien, wie ich sonst das ganze Jahr nicht höre. Die Sache erschien mir anstößig, allein ich nahm mich zusammen, und er war sehr erfreut über mein Betragen gegen ihn. Ist das nicht zum Lachen?

den 12 Juli

Ein ganzer Monat ohne ein Wort zu schreiben! Das ist zuviel, ich gestehe es selbst, und wenn die Schuld bei mir läge würde ich es mir niemals verzeihen. Und wer denn, werden Sie sagen, wer hindert Sie daran? Der wahre Grund ist daß ich Ihnen nichts zu erzählen habe. Die Einförmigkeit in welcher ich lebe, die immer gleichen Regungen meiner Seele, die schale Ruhe meines Herzens, alles das könnte mir keinen Stoff bieten Sie zu unterhalten, und selbst heute hätte ich nicht zur Feder gegriffen, wenn nicht ein paar kleine Verdrießlichkeiten es mir gestatteten. Was werden Sie sagen meine Liebe wenn ich Ihnen melde daß Miss Lisette, und ich uns gänzlich überworfen haben, und zwar so daß das Verhältnis nicht wiederherzustellen ist. Wenn ich Zeit hätte würde ich Ihnen die ganze Geschichte erzählen, allein sie ist zu lang; für Sie genügt es zu wissen, daß Mutter und Tochter mich der Verleumdung und des Verrats bezichtigt haben, und daß ich diese Ausdrücke zu niederträchtig fand, um mich zu einer Rechtfertigung herbeizulassen. Diese Angelegenheit hat mich ein paar Tage lang zutiefst aufgewühlt, allein es ist vorüber und ich habe meine Ruhe wiedergewonnen, die wie es aussieht lange anhalten wird, wenn nicht ein neuer Zwischenfall sie vertreibt. Ihr Fräulein Schwester habe ich noch nicht gesehen, der Brief ist immer noch bei mir, ich habe nicht den Mut ihn ihr zu schicken.

Freitag den 28. Juli.

Ich will Ihnen gleich von einem traurigen Unfall berichten der mehreren Menschen aus unserer Stadt zugestoßen ist, und der wegen seiner Einzigartigkeit erzählt
zu werden verdient. Ein junger Reformierter von hier der
sich vor ein paar Monaten verheiratet hat, versprach seinen Freunden ihnen einen Ball in Offenbach zu geben,
sobald das Wetter günstig wäre zu Wasser dorthin zu
fahren. Mittwoch der 19. Juli wird für diese Lustbarkeit
festgesetzt, der Tag kommt und verspricht der schönste zu
werden. Die Gesellschaft die aus vierzig Personen be-
stand, Herren, und Damen, versammelt sich auf einem
großen Jagdschiff, man hängt zwei kleine Boote für die
Musiker an, und ein ebensolches folgt ihnen mit den Kindern, den Dienstmägden, und dem für den Abend be-
stimmten Essen. So brechen sie um zwei Uhr nachmittags
auf, voller Vorfreude auf das Vergnügen das sie erwartet.
Die Herren steigen auf die Galerie, schlagen sich dort ein
Zelt auf um vor den Sonnenstrahlen geschützt zu sein.
Schon haben sie die Hälfte des Weges zurückgelegt, als
sich der Himmel allmählich verdüstert, der Wind sich erhebt, und alle Vorzeichen eines Unwetters sichtbar werden. Die erschreckten Damen gehen nach oben und bitten
ihre Männer das Schiff anlegen zu lassen, allein diese lachen und machen sich über ihre Befürchtungen lustig,
und versichern ihnen daß sie noch vor dem Ausbruch des
Gewitters ankämen. Widerwillig gehen sie wieder, und
sitzen kaum, als der Regen in Strömen niederfällt, der

Donner grollt, eine undurchdringliche Dunkelheit den Horizont bedeckt und man nur beim Schein des Blitzes noch etwas sehen kann. Die Herren laufen nach unten, um sich vor dem Regen zu schützen, der Wind wird heftig, er wirft das Schiff von einer Seite auf die andere. Der Mann zu Pferde der die Leine hält wird von ihr ins Wasser gerissen, der Steuermann kann das Ruder nicht mehr halten; bald werden sie hochgeschleudert, bald in die Tiefe gezogen. Die Männer, außer sich, legen die Kleider ab, öffnen die Türe, und fragen den Steuermann ob sie ihm helfen können, nein antwortet er ihnen; eine große Woge hebt sich und stürzt durch die geöffnete Türe in das Schiff, dergestalt daß die ganze Gesellschaft bis zu den Knien im Wasser steht. Schnell wird sie wieder geschlossen. Und da wird das Entsetzen allgemein, die Schreie der Frauen gellen durch die Luft, die eine betet das Vaterunser, die andere den sechsten Psalm, die dritte bekennt ihre Sünden; die vierte ruft aus das sei die Strafe für dieses wollüstige Betragen, gerade erst sei sie von einer schweren Krankheit genesen, und anstatt Gott zu danken gehe sie auf den Ball. Eine andere sagte weinend, seit langem sei sie von der Schwindsucht befallen, und nun müsse sie noch ertrinken. Die Frauen fallen ihren Männern um den Hals, sagen ihnen Lebewohl und rufen: Wir müssen sterben! Ach mein Gott und welch ein Tod! Hier versagt ihnen die Stimme, sie verlieren das Bewußtsein. Plötzlich hört man ein schreckliches Geräusch, das Boot der Musikanten war auseinandergebrochen, auf dem großen Schiffe stürzen alle zugleich auf eine Seite. Der Steuermann schreit gleich sind wir verloren wenn nicht das Gleichgewicht gehalten wird. Das große Lärmen des Windes und des Regens der einer Sintflut glich, verhinderte daß man ihn recht verstand; und alle stürzen auf die andere Seite. Das Schiff kippt, senkt sich, von allen Seiten dringt Wasser ein; es gibt kein Mittel zur Rettung mehr. Die Frauen öffen die Augen wieder in dem Augenblick, da sie zugrundegehen sollten. Sie sehen sich umgeben von den Schrecken des Todes. Eine steht auf und ruft: Vorwärts meine Damen gehen wir einen Augenblick früher zugrunde und retten wir unsere Männer, folgen Sie meinem Beispiel. Mit diesen letzten Worten stürzt sie sich in den Strom. Ihr verzweifelter Mann hält sie an den Kleidern fest, bald fehlt ihm die Kraft, er ruft um Hilfe, keiner kann ihm helfen, jeder Mann hat mit seiner Frau zu tun, sie wollten sämtlich der ersten folgen. Schließlich macht der Steuermann der die äußerste Gefahr erkennt, einen letzten Versuch, stürzt sich ins Wasser, ergreift das Seil, schwimmt zum Ufer und befestigt es am Schilf. Da bekam der liebe Gott Mitleid mit seinen Geschöpfen die er nicht zugrunde richten wollte, er gebot dem Unwetter Einhalt, und sie gelangten ans Ufer. Man kann sich die Freude der ganzen Gesellschaft angesichts dieses Wunders wohl vorstellen, und die Dankesbezeugungen die dem Herrn entgegengebracht wurden. Nachdem sie sich ein wenig erholt haben rufen die verheirateten Frauen: Guter Gott was haben wir über der Gefahr für uns selbst vergessen, wo sind die Kinder? Man fragt überall, aber sie sind nicht da. Man will es den Müttern verheimlichen, sie bemerken es, raufen sich die Haare, schreien: Ach unsere Kinder! Unsere Kinder! und sinken bewußtlos am Uferrand nieder. Endlich kommen die Kinder, durchnäßt bis auf die Haut. Ihr kleines Boot war gleich voll vom Regenwasser gewesen, das ganze Abendessen wurde überschwemmt, man nahm das Geschirr um das Wasser auszuschöpfen, doch vergeblich. Der Wind wirft sie ins Schilf, da halten die Kinder sich an den schwachen Rohren fest, und schreien: Ach wir armen unglücklichen Kleinen, müssen wir so unbarmherzig zugrunde gehen – Ich kann nicht weiterschreiben, mein Inneres ist zu aufgewühlt; überdies kann man sich das übrige vorstellen. Damit beschäftigt ihre Kleider zu trocknen, dachte niemand mehr ans Tanzen; in sehr schlechter Verfassung kamen sie hierher zurück, einige bekamen Fieber, und die meisten Gliederfluß, der sie diese unglückliche Wasserfahrt nicht so bald wird vergessen lassen. – Dieses Jahr kann man die schönen Tage zählen, immerzu Regen, täglich ein Gewitter, oder Wind; ist es bei Ihnen ebenso? Ich habe den Sommer noch gar nicht genossen, und bald ist er vorbei. Ich bin froh darüber und erwarte den Winter mit Ungeduld; Sie wissen daß ich denselben viel lieber mag, ich habe auch wirklich meine Gründe dafür. Doch übrigens – was wollte ich sagen? Davon ein anderes Mal –

den 14. August.

Ich bin sehr schreibfaul, besonders seit einiger Zeit; und ich kenne den Grund wohl. Wenn man nichts zu erzählen hat was einen selbst interessiert, findet man es langweilig von den andern zu sprechen. Wohl könnte ich Ihnen ein paar Neuigkeiten mitteilen wenn Sie sie hören wollen, und zwar daß Miss Simonette Bethmann mit einem jungen hiesigen Bankier namens Mezler verlobt ist; die Hochzeit soll nächsten Montag stattfinden, und vielleicht gibt es einen Ball ... doch das alles geht Sie nicht an, sprechen wir von Miss Lisette. Seit ich mich mit ihr überworfen habe, erfahre ich rein gar nichts mehr von ihren Geheimnissen. Wo Dorval jetzt ist, was er treibt, ob er treu ist oder nicht, ich weiß es nicht. Doch muß er ja bald kommen, denn diesen Herbst ist das Jahr verflossen wo er sie zu heiraten versprochen hat, man wird sehen ob er Wort hält. Ich habe acht oder zehn seiner Briefe gelesen die mit vieler Eleganz geschrieben sind; wenn er denkt wie er spricht, kommt keine Liebe der seinigen gleich. Allein manchmal sagt er etwas zu viel, und Lisette wird darüber so hoffährtig, weil sie ja alles glaubt. Urteilen Sie selbst aus einer Stelle seines Briefes wo er sagt:

«Ich habe viel von der Welt gesehen, ich sah Geschöpfe. – Zuletzt fand ich das Meisterwerk der Natur, allein wie soll ich Ihnen beschreiben was ich fand? – Sie selbst damit ist alles gesagt, ein Kleinod das mir immer unendlich kostbar bleiben wird. Möge der Herr nur das Weitere segnen, wie er den glücklichen Beginn segnete, als ich Sie zum ersten Mal erblickte, als ich all das fühlte was eine tugendhafte Liebe an Empfindungen wecken kann pp.»

Nun meine Liebe wie finden Sie diese Äußerungen, sind sie nicht etwas übertrieben. Lisette hat dieser Brief so gefallen daß sie ihn mir tausendmal vorlas, und von daher kenne ich diese Stelle noch auswendig. – Mr. B ... macht ihr immer noch den Hof, und sie hat sich einen jungen, sehr liebenswürdigen Mann gewählt der bis zu Dorvals Rückkehr die Stelle des Liebhabers einnimmt. Ihr Geschmack ist nicht schlecht, denn Theodor ist eine noch schönere Erscheinung als Dorval –

Mittwoch den 16. August

Ich will diesen Brief heute zur Post schicken, sonst fürchte ich kommt er nie hin. Verzeihen Sie mir meine zärtliche Freundin, die Nachlässigkeit meiner Schrift. Halten Sie es nicht für einen Mangel an Liebe; nein meine Liebe ich liebe Sie mehr denn je. Warum kommen Sie nicht hierher, noch ein einziges Mal, damit ich Sie sehe; damit ich Ihnen all das mündlich mitteile was ich unmöglich schreiben kann. Man hat mir gesagt daß ich meine liebe Mlle Meixner nächste Messe sehen werde; kommen Sie gemeinsam meine beiden lieben Freundinnen, und ich bin wunschlos glücklich. Ist Ihnen Ihre Heimatstadt denn so teuer daß Sie sie nicht mehr verlassen können. Ich fürchte vielleicht mit Recht daß etwa eine Neigung – Verzeihen Sie meinen Verdacht; er kommt aus einem Herzen das Sie liebt. Leben sie wohl, ich küsse Sie tausendmal, daß ich es nicht wirklich kann.

Da fällt mir ein, Mr. Steinheil ist über Worms gefahren, was hat er erzählt, was treibt er? Ihre Fräulein Cousine tröstet sich mehr und mehr darüber; der erste Schmerz war tief, doch er ist vorüber. Ich habe es von Ihrer Fräulein Schwester erfahren, die Ihnen ihre Grüße ausrichten läßt.

AN DIE
GLEICHALTRIGE
CORNELIA

Liebe Cornelia,

oder sollten wir Dich besser mit «teuerste» oder «liebenswerte Cornelia» anreden? Das wäre ein zu starker Anachronismus. – Wahrscheinlich wird es Dich auch wundern, daß wir Dich einfach duzen, wo Du sogar Deinen Bruder siezt. Doch hat sich in den Umgangsformen inzwischen einiges geändert.

«Und nicht nur in den Umgangsformen! In 200 Jahren ändert sich eine Menge.»

«Oder können wir uns zum Beispiel vorstellen, daß unsere Briefe von unseren Vätern kontrolliert und verbessert werden?»

Wir können Dir heute frei schreiben, was wir in eineinhalbjähriger Übersetzungsarbeit und Nachforschung über Dich gedacht und erfahren haben. Ohne weiterführende Lektüre hätten wir nämlich vieles nicht verstanden. Um uns ein Bild von Dir machen zu können, mußten wir uns erst einmal in Deine Zeit zurückversetzen, die Gesellschaft von damals kennenlernen, in Deinen Lieblingsbüchern lesen – Rousseaus *Nouvelle Héloïse*, Richardsons *Sir Charles Grandison*, dem *Fräulein von Sternheim* der Sophie von La Roche –, und was da noch alles dazukam. Ob Du's glaubst oder nicht, wir haben sogar Modebücher gewälzt, um uns vorstellen zu können, wie Lisette bei ihrem großen Auftritt herausgeputzt war. – Besonders, nachdem wir uns über die Erziehung und die Familienstruktur zu Deiner Zeit kundig gemacht hatten, konnten wir Dich und Deine Reaktionen, Deine Haltung zur Gesellschaft, zur Männerwelt besser beurteilen. – Gott sei Dank haben sich die Männer heute doch ziemlich geändert ...

«Das behaupten sie zumindest.»

... und die patriarchalische Gesellschaftsordnung wakkelt. Trotzdem oder gerade deshalb sind Deine Probleme wieder enorm aktuell geworden, sozusagen ein gefundenes Fressen für die Frauenliteratur, denn Deine Situation ist geradezu exemplarisch – eine geistig emanzipierte Frau in einer Männerwelt, in der es fast ausschließlich aufs Äußere ankommt, in der die Frau immer nur eine Randfigur ist, den Männern untergeordnet bleibt und nie selbständig handeln darf.

«So nebenbei – als weibliches Wesen darf ich das ja sagen –: Ich kann an Frauenliteratur keinen Gefallen finden, und ich kann dieses Gerede von ‹Emanzipation› und ‹Männerwelt› nicht mehr hören. Die sogenannten Emanzen wären heute viel emanzipierter, wenn sie nicht so viel von Gleichberechtigung reden, dafür aber als gleichberechtigte Menschen leben würden.»

«Wenn sie wie gleichberechtigte Menschen leben könnten, gäb's auch keine Emanzen.»

Sigrid Damm jedenfalls hat sich für Deine Situation interessiert und eine etwas romanhafte Biographie über

Dich veröffentlicht. Dieses Buch war für viele von uns der erste Schlüssel zu Deiner Persönlichkeit.

«Inzwischen würde ich sagen, daß es ein falscher Schlüssel war. In dieser Biographie wird Cornelia zu einseitig als das arme, unschuldige Opfer der Gesellschaft dargestellt. Das stimmt so nicht!»

«Einige Zeit waren wir uns aber alle einig, daß Cornelia ein ungeheuer bemitleidenswertes Geschöpf war!»

«Von meinem Mitleid ist nicht viel übriggeblieben. Zu Mitleid gehört schließlich auch ein gewisses Maß an Sympathie.»

«Mir ist es ähnlich gegangen. Aber dann, je länger ich mich mit Cornelia und ihren Lebensumständen beschäftigt habe, desto besser konnte ich sie verstehen. Sympathie ist vielleicht nicht das richtige Wort – eher Mitgefühl. Eigentlich kann sie einem nur leid tun. Denkt doch mal an die letzten Briefe aus Emmendigen!»

«Aber als junges Mädchen war sie überheblich, hochmütig, neidisch und kaltherzig.»

«Das bin ich auch. Darf sie mir deshalb nicht sympathisch sein?»

«Du findest diese Eigenschaften akzeptabel?»

«Nein. Aber wer sie hat, kann wenig dagegen tun.»

«Soll das etwa eine Entschuldigung sein? Mit solchen Menschen kann man doch nicht auskommen.»

«Was willst Du denn? Cornelia hat sich nur der Gesellschaft

angepaßt, hat die Anstandsregeln beachtet, den höflichen Schein gewahrt und ihren Ärger in sich reingefressen, anstatt ihn rauszuschreien.»

«Oh ja, höflich war sie. Nach vorne lächeln und hintenrum lästern! So eine Heuchlerin!»

«Soll sie sich denn auch in ihrem Tagebuch verstellen? Darf sie nicht einmal dort sie selbst sein? Irgendwo muß doch auch sie ihren Haß rauslassen.»

«Cornelia konnte ja wohl nicht damit rechnen, daß wir uns im Jahre 1988 an die Übersetzung ihres Tagebuchs machen würden und sie wegen ihrer gemeinen Äußerungen an den Pranger stellen könnten.»

Unser Hauptinteresse, als wir Deine Tagebücher zu übersetzen begannen, galt Dir und Deiner Rolle als Frau.

«Ist doch auch ein hübscher Beitrag zum 400jährigen Jubiläum der ‹Goethestadt Emmendingen›!»

«‹Goethestadt!› Typisch. Immer steht dieser Bruder im Vordergrund, obwohl er Cornelia nur ein einziges Mal hier besucht hat!»

«Auf der Durchreise!»

«Wollte sich jede Stadt, in die Wolfgang einmal seinen Fuß gesetzt hat, ‹Goethestadt› nennen, gäbe es jede Menge davon.»

«Uns interessiert aber Cornelia! Sie hat immerhin drei Jahre in Emmendingen gelebt und ist hier gestorben!»

Das Ergebnis unserer eineinhalbjährigen Anstrengungen hast Du jetzt vor Dir. Sollte es Dir nicht gefallen, arme Cornelia, würden wir das bedauern. Aber wir haben alles getan, was uns möglich war.

Für uns wie für Dich wäre es leichter gewesen, Du hättest Deine Briefe gleich auf deutsch geschrieben, anstatt Dich der Mode Deiner Zeit beziehungsweise der Vorliebe Deiner Familie anzupassen, fremdsprachige Briefe oder Reiseberichte zu verfassen. Du hast dabei Französisch geübt ...

«*So würde ich das nun nicht sehen; Das hatte doch wohl einen tieferen Grund. Ich glaube, indem sie Französisch schreibt, distanziert sie sich von sich selbst, nimmt eine andere Identität an. Das erleichtert ihr das Schreiben; sie kann Geheimnisse und Bekenntnisse aussprechen, ohne sich selbst dabei preiszugeben.*»

... aber uns brachte es in eine paradoxe Situation: Wir, die wir das Deutsch des 20. Jahrhunderts sprechen, übersetzen die französischen Briefe eines deutschen Mädchens aus dem 18. Jahrhundert in das Deutsch ihrer Zeit. Und zugegeben, wir hatten auch hochgesteckte Ziele. Es sollte keine «Arbeitsübersetzung», keine bloße Vermittlung des Inhalts werden. Wir wollten Deinen Schreibstil und die Atmosphäre Deiner Briefe ins Deutsche hinüberretten. Von «Patina-Übersetzung» wurde da gesprochen, manchmal auch respektlos von «verstaubten Ausdrücken». Gelernt haben wir diese manchmal seltsam anmutende Sprache aus dem, was uns an Quellen zur Verfügung stand:

aus Deinen wenigen deutschen Briefen, Deiner Lektüre, einigen Schriftstellern Deiner Zeit, vor allem aus den frühen Werken und Briefen Deines Bruders. Was uns aber am meisten geholfen hätte, gibt es nicht: deutschsprachige Briefe von Dir aus der Zeit, als Du diese französischen Briefe und das Tagebuch geschrieben hast. So balancierten wir, manchmal mit Schwindelgefühlen, zwischen dem mühsam angeeigneten Deutsch des 18. Jahrhunderts und unserer heutigen Sprache, und wir mußten bei jedem Satz abwägen: Wie wörtlich sollen wir übersetzen, wie können wir Deine Satzkonstruktionen beibehalten, wie können wir es vermeiden, den Text durch unsere Wortwahl zu glätten? Hast Du diesen oder jenen französischen Ausdruck bewußt gewählt oder war er nur ein Notbehelf, weil Dir die entsprechende Vokabel gefehlt hat? Bestimmt haben wir viel länger über diesen Briefen gesessen als Du! – Was wir nicht dem Stil Deiner Zeit angeglichen haben, ist die Rechtschreibung. Deine Zeichensetzung aber haben wir beibehalten, denn die gehört zu Deiner persönlichen Ausdrucksweise. In ihr spiegeln sich Deine Stimmungen wieder. Bald jagen Deine Sätze ohne Punkt und Komma gehetzt und atemlos dahin, bald sind sie wieder nüchtern, klar und bis in die Satzzeichen konstruiert. Das Lesen mit Deiner Interpunktion ist allerdings mühsamer, doch das muten wir Deinen Lesern zu.

Eigentlich haben wir etwas reichlich Gemeines getan: Wir haben die Nase in fremde Briefe, in ein fremdes Tagebuch gesteckt und großzügig darüber hinweggesehen, daß Du damit vielleicht nicht einverstanden gewesen wä-

rest. Was uns vielleicht entschuldigt, ist die Eigentüm-
lichkeit dieses Tagebuchs. Wir können uns kaum vorstellen, daß Du ihm nicht absichtlich romanhafte Züge gegeben hast. Die Menschen Deiner Umgebung werden zu
Figuren, die eine von Dir bestimmte Rolle spielen müssen.
Du erzählst nicht allein Ereignisse Deines Lebens, sondern
oft konstruierte, fiktive Situationen. Natürlich liegen diesen Erzählungen Deine Erlebnisse zugrunde, aber Du hast
sie meist stilisiert und Deinen literarischen Vorbildern – in
erster Linie Samuel Richardson – anzugleichen versucht.

Manche dieser Szenen lassen sich nur allzu leicht
durchschauen. Sie sollen zeigen, wie verlogen, gemein
und oberflächlich die damalige Gesellschaft ist. Dein Tagebuch ist also auch ein literarischer Versuch; der Versuch,
einen gesellschaftskritischen Roman zu schreiben, in dem
Du selbst eine Rolle spielst. Nur eine? Wir haben Dich in
vielen Rollen gefunden: als Schriftstellerin, als Tagebuch-
Verfasserin, als Freundin, als Beobachterin und Kritikerin,
als Lehrerin und Gouvernante, als Verliebte.

Du hattest wie nur wenige Mädchen Deiner Zeit das
Glück, eine wirklich umfassende Bildung zu bekommen.
Lehrmeister war Dein Vater, und seine Ansprüche waren
enorm.

*«Sie hat unter der Strenge und Pedanterie dieses Vaters
gelitten.»*

*«Aber zu ihrer Mutter hat sie offenbar gar keine Beziehung
gehabt. Wenn Catherina Elisabeth ihre Tochter mal erwähnt,
spricht sie von ‹der Schlosserin›.»*

«*Das ist vielleicht nur der Stil der Zeit.*»

«*Finde ich aber trotzdem sehr aufschlußreich. Was haben die denn damals für ein Verhältnis zu ihren Kindern gehabt?*»

«*Darüber haben wir ja bei Ariès und Shorter einiges erfahren.*»

Diese strenge Erziehung hatte sicherlich auch ihre guten Seiten. Du warst anderen Mädchen geistig weit überlegen, und Du hattest ja auch großen Spaß am Lernen – oder nicht?

«*Dann muß sie ein bemerkenswert bildungshungriger Mensch gewesen sein. Unter solchem Druck die Lust nicht zu verlieren!*»

«*In jedem zweiten Brief schreibt sie: ‹Ich habe keine Zeit.› Da hatte sie wohl den Vater im Nacken, der ihr Italienischlektionen erteilen wollte ...*»

«*Stundenlanges Klavierspielen nicht zu vergessen!*»

«*Sie hatte ja nichts anderes zu tun! Eigentlich hatte sie so viel Zeit, daß sie sich sonst hätte langweilen müssen!*»

«*Vielleicht war ihr das bewußt? Vielleicht ist ihr darum das Vergnügen am Lernen nicht vergangen, weil es ihrem Leben Inhalt gab?*»

«*Lernen aus Langeweile! Könnte mir nicht passieren.*»

«*Ich kann mir auch nicht vorstellen, daß sie sich nicht manchmal gewünscht hat, alles hinzuschmeißen. Das wäre doch jedem so gegangen.*»

«Sie hätte es einfach mal tun sollen!»

«Einmal nicht die folgsame Tochter spielen, nicht alle väterlichen Gebote und Verbote befolgen. Sie hätte sich manchmal die Freiheit nehmen sollen, das zu tun, was sie wollte!»

«Zu der Zeit? Du hast gut reden!»

«Wir sind es heute gewöhnt, unseren Eltern zu widersprechen und unseren Willen durchzusetzen. Aber Cornelia ...»

«Ihr blieb wirklich nichts anderes übrig, als sich den Vorstellungen ihres Vaters zu fügen und ihr Glück in der Bildung zu suchen.»

«Und? Hat sie es etwa gefunden? Sie war doch kreuzunglücklich mit ihrer nutzlosen Bildung!»

Ja, wenn Du schon so viel lernen mußtest, warum hast Du dann nie versucht, Deine Fähigkeiten auch zu nutzen? Wenn Du nur einmal den Mut gehabt hättest, Dir Deine heimlichen Träume und Wünsche einzugestehen! Beim Lesen Deiner Briefe und Tagebücher wurden wir nämlich das Gefühl nicht los, daß Du für Dein Leben gern Schriftstellerin geworden wärst. Aber Deine Zweifel an Deinen Fähigkeiten waren größer als Dein Ehrgeiz. Daß Du es nicht geschafft hast, Schriftstellerin zu werden oder Dich wenigstens zu diesem Traum zu bekennen, war nicht nur Dein Fehler. Auch Dein Bruder hat ja von Dir verlangt, Dich vor allem in weiblichen Tugenden zu üben. Überhaupt war Dein Verhältnis zu Wolfgang wohl zwiespältig.

«Wieso zwiespältig! Er war doch der einzige wirkliche Freund, den sie hatte – und das jahrelang. Er war doch ihr engster Vertrauter.»

«Das schon, aber als sie krank war, in Emmendingen, und seine Hilfe gebraucht hätte – was er genau wußte! –, hat er sie erbärmlich im Stich gelassen.»

«Er hielt es ja nicht einmal für nötig, ihr zu schreiben.»

«Was heißt hier überhaupt ‹engster Vertrauter›?! Als ihr Lehrmeister hat er sich aufgespielt, ihr Vorschriften gemacht!»

«Sie hat aber auch viel von ihm profitiert. Ohne ihn wäre sie doch noch weniger aus dem Haus gekommen.»

«Aber was ist denn das für eine jämmerliche Situation, wenn sie als Frau nur über Männer gesellschaftlichen Kontakt bekommen kann! Gescheit, wie sie war, ist ihr das sicher auch bewußt gewesen.»

«Und wäre sie nicht die Schwester von Johann Wolfgang Goethe, würde heute kein Hahn nach ihr krähen! Auch wir hätten dann ihre Tagebücher nicht übersetzt.»

«Die gäbe es wahrscheinlich gar nicht mehr.»

«Also ich beneide Cornelia. Einen Dichter zum Bruder haben, wenn man von einem Schriftstellerdasein träumt – das muß doch der siebte Himmel sein! Ich kann euch nicht sagen, wie gerne ich so einen Bruder hätte.»

«Aber wegen ihres Bruders entwickelt sie doch ihre Minder-

wertigkeitskomplexe – sie braucht sich ja nur einmal mit ihm zu vergleichen.»

«Was hat sie denn mit ihrer tollen Bildung anfangen können?»

«Muß man mit Bildung unbedingt etwas ‹machen›? Ist Bildung eine Fabrikanlage, die nur dann Sinn bekommt, wenn sie produziert?»

«Aber sie muß ja gewußt haben, was sie durch ihre Bildung für Möglichkeiten gehabt hätte – wenn sie ein Mann gewesen wäre. Da soll man nicht depressiv werden!»

«Was könnte die heute aus sich machen!»

«Wenn man Euch so hört, könnte man meinen, wir lebten im Goldenen Zeitalter!»

«In mancher Hinsicht stimmt das auch.»

«So schrecklich glücklich sind wir aber auch nicht.»

Dein Bruder war einer mehr, der versuchte, Dich nach seinen Vorstellungen zu erziehen. Auch er wollte Dich in die für Deine Zeit typische Frauenrolle drängen, dabei war Dir die verhaßt. Aber obwohl Du die gesellschaftlichen Konventionen verachtest hast, hast Du nicht gewagt auszubrechen und das zu tun, was Du wolltest.

«Was hätte sie denn schon tun können? Vielleicht mit ihrem Hauslehrer durchbrennen?»

«Ach was! Aber als Mittelpunkt eines literarischen Salons könnte ich mir Cornelia gut vorstellen.»

«*Dazu hätte sie erst verheiratet sein müssen, und zwar mit dem richtigen Mann, und am richtigen Ort!*»

«*In einem Landstädtchen wie Emmendingen war daran nicht zu denken.*»

Du lebst ständig in der Spannung zwischen Deinen ehrgeizigen Träumen und der Angst zu versagen. Und warum diese Angst? Weil Du Dich häßlich findest. Du bist so voller Selbstzweifel und unsicher anderen Menschen gegenüber, nur weil Du keine Schönheit bist, daß Du es nicht einmal wagst, Dich ihnen zu zeigen.

«*Ich finde das ziemlich lächerlich.*»

«*Warum lächerlich! Bei Frauen schaut man halt mehr auf das Äußere!*»

«*Protest!*»

«*Der nützt Dir aber nichts. Es ist doch so.*»

«*Wenn das nicht ungerecht ist! Was bei dem Bruder als groß, bedeutend, charaktervoll bezeichnet wird – die Nase zum Beispiel oder die hohe Stirn –, das ist für Cornelia eine Katastrophe.*»

«*Und dann auch noch die Mode: diese unvorteilhafte Hochfrisur mit dem aus der Stirn gekämmten Haar.*»

«*Heute könnte sie mehr aus ihrem Typ machen.*»

Wir können uns kaum vorstellen, daß Dein Gesicht dermaßen entstellt gewesen sein soll, daß man anderen

Menschen – auch Männern! – diesen Anblick nicht hätte zumuten können. Außerdem kann man durch ein selbstbewußtes und überzeugtes Auftreten ...

«und einen glücklichen und zufriedenen Ausdruck ...»

«Na ja!»

... mangelnde Schönheit ausgleichen.

«Du hast gut reden! Und ihr Hautausschlag vor jedem Besuch, vor jedem Ball, überhaupt in jeder Streßsituation!»

«Aber es gab in dieser Zeit sicherlich auch schon Männer, die gebildete Frauen zu schätzen wußten.»

«Johann Georg Schlosser vielleicht?»

«Auch nettere Männer!»

«Wir können uns nicht vorstellen, daß alle Frauen so schön waren wie Lisette und daß nur sie ohne äußere Reize gewesen ist.»

«Sogar Lisette konnte sich nur ein Leben mit Mann leisten!»

«Warum hat Cornelia diesen Johann Georg Schlosser geheiratet, den sie nicht sonderlich mochte und der ihr schließlich sogar widerlich war? Na, er war unter allen Freiern der akzeptabelste.»

«Der angesehenste.»

«Und er war mit Wolfgang befreundet. Außerdem war er an Literatur interessiert.»

«Wenn auch die Ehe nicht glücklich war, so heißt das doch noch lange nicht, daß sich die beiden zu Beginn nicht geliebt haben könnten!»

«So wie Schlosser uns dargestellt wird, finde ich das eher unwahrscheinlich.»

«Der Schluß liegt jedenfalls nahe, daß das eine Vernunftehe war.»

«Vielleicht war es Torschlußpanik. Bei ihren Minderwertigkeitskomplexen.»

Ist denn äußere Attraktivität für das Glück einer Frau wirklich so wichtig? Du warst offenbar davon überzeugt. Aus eigener Erfahrung? Oder hast Du doch – wie Dein Bruder meinte – zu viele Romane gelesen?

«Als wenn es darauf ankäme! Cornelia fand sich häßlich, und sie hat darunter gelitten.»

«Sogar an Selbstmord hat sie gedacht.»

«Aber dann rettet sie sich in irgendwelche schlauen Sprüche: ‹Welch gefährliche Gabe ist doch die Schönheit! Ich bin froh, sie nicht zu besitzen; wenigstens mache ich niemanden unglücklich› Von solchen und ähnlichen Weisheiten wimmelt es in ihrem Tagebuch.»

«Wir sollten diese ‹schlauen Sprüche› nicht so ernst nehmen! Sie sind doch nur ein Versuch, sich selbst über Enttäuschungen hinwegzuhelfen.»

«Eben. Gerade deswegen muß man sie ernst nehmen!»

*«Mir gehen diese gouvernantenhaften Äußerungen jeden-
falls entsetzlich auf die Nerven.»*

«Du hast ja auch Cornelias Probleme nicht.»

Schön sein, geliebt und begehrt werden – das gehört für
Dich untrennbar zusammen. Weil Du häßlich bist, be-
fürchtest Du, einen Mann heiraten zu müssen, den Du
nicht liebst. Dabei wünschst Du Dir nichts mehr als eine
Heirat aus Liebe.

*«Das war damals nicht selbstverständlich, Ehen wurden
nach gesellschaftlichen Interessen geschlossen.»*

*«Aber hatte sie nicht ein völlig verkorkstes Verhältnis zur
Liebe?»*

*«Warum verkorkst? Wenn man jemanden liebt, aber nicht
wiedergeliebt wird und darüber verzweifelt, dann ist das
doch normal.»*

*«Ich meine das anders: Wenn sie liebt, dann traut sie sich
doch nicht mal, sich das selber einzugestehen!»*

*«Und überhaupt, wie ernst sind denn diese Verliebtheiten zu
nehmen? Das klingt doch alles reichlich romanhaft. Der
junge Olderogge ist ein Abklatsch von Harry, und Harry ist
ein Abklatsch von Sir Charles Grandison. Sie liebt eigentlich
nur Romanfiguren! Alles Papier, alles Literatur. Ihre Empfindungen sind doch nur angelesen!»*

«Angelesen! Das ist doch Unsinn!»

*«Also bitte! Die Sehnsucht nach Liebe liest sich niemand an.
Die ist echt.»*

«Woher soll man seine Ideale denn nehmen, wenn nicht aus Büchern?»

«Aus dem Leben natürlich. Wenn ich mit Menschen umgehe, erkenne ich doch viel besser, wer zu mir paßt.»

«Aber die Möglichkeit hatte Cornelia ja gerade nicht! In Gesellschaft mit Männern beschränkte sich doch alles auf nichtssagende Konversation. Wie soll man da jemanden kennenlernen?»

«Ach was! Ihr Verhältnis zu Frauen war doch auch nicht besser. Wie sie über ihre Freundinnen herzieht! Mit dieser ständigen Kritik hat sie sich bestimmt nicht beliebt gemacht.»

«Aber sie brauchte das für ihr Selbstbewußtsein! Wenn sie sich schon häßlich fand, mußte sie sich wenigstens geistig überlegen fühlen.»

«Sie weiß, daß sie überlegen ist. Wie soll sie sonst mit ihnen umgehen, diesen blöden Gänsen, die über ihren beschränkten Horizont nicht hinaussehen.»

«Und die trotzdem mehr Erfolg bei den Männer haben; ihr vergeßt die Konkurrenz!»

«Vielleicht hätte sie Lehrerin werden sollen. Da wäre sie konkurrenzlos gewesen.»

«Du bist gemein.»

«Es geht ja nur darum, daß sie überhaupt einen Beruf hätte erlernen und ausüben können. Das ist gut fürs Selbstbe-

wußtsein und macht unabhängig. Aber daran war damals gar nicht zu denken.»

«Wenige Jahrzehnte später – da gab es dann Schriftstellerinnen!»

«Was hat das Cornelia genützt?»

«Gar nichts nützte ihr das! Aber warum hat sie nicht schon gegen dieses ‹Daran ist nicht zu denken› rebelliert?»

«Als wäre das so einfach gewesen!»

«Man kann es keinem Menschen verdenken, wenn er die Anerkennung der Gesellschaft, wenn er Sicherheit und Halt braucht.»

«Lieber außerhalb der Gesellschaft stehen, über dieses Außenseitertum unglücklich sein und dafür einen Lebensinhalt und ein Ziel haben, für das es sich zu kämpfen lohnt, als sich anzupassen, sich von der Gesellschaft die Flügel stutzen zu lassen und in diesem verpfuschten, unglücklichen Leben langsam zu vermodern!»

«Das klingt aber reichlich heroisch. Wie kannst Du von jemandem erwarten, daß er für irgendwelche hochgesteckten Ziele kämpft, wenn er dabei unglücklich wird und vereinsamt?»

Liebe Cornelia, wir müssen zum Schluß kommen. Denn das schriftliche Abitur rückt bedenklich näher – wenigstens eine Prüfung, die Dir erspart geblieben ist! Außerdem drängt unser Verlag. Du hast richtig gelesen: Es hat sich nämlich jemand gefunden, der unsere Übersetzung Deiner Briefe drucken will! Wir haben, wie Du früher, unseren Brief noch einmal durchgelesen, und wir können uns vorstellen, daß du an einigen Stellen seufzen würdest: Die haben gut reden! Vielleicht wärest Du auch manchmal empört, sähest Dich mißverstanden, fändest uns ungerecht und arrogant. Dafür bitten wir um Entschuldigung und um Dein Verständnis – schließlich sind wir, obwohl in Deinem Alter, gut zweihundert Jahre jünger als Du!

Eigenartig, diese Altersgleichheit bei diesem Altersunterschied! Während wir Deine Briefe lasen, kamen wir uns manchmal zugleich älter und jünger, erfahrener und naiver, reifer und unreifer vor, als Du damals warst. Du mußtest die Erwachsene spielen, bevor Du erwachsen warst; Deine Rolle verlangte es so. Deshalb wohl wirken Deine Äußerungen auf uns oft so altklug. Wir wachsen ungleich freier auf als Du, wir dürfen jung sein; vor allem aber hat man uns unsere Kindheit nicht vorenthalten. Vielleicht ist es gut, daß du nicht gewußt hast, was Dir da entgangen ist. Auch deshalb – weil wir so viel besser dran sind als Du – denken wir trotz aller kritischen Bemerkungen mit Sympathie an Dich – und gratulieren Dir nachträglich zu Deinem Geburtstag. Nimm diese Übertragung Deiner Briefe und Tagebuchblätter als unser Geschenk.

Stefanie   Cäcilia   Melanie

Marion   Matthias

Emmendingen, im Dezember 1989

CORNELIA

KINDHEIT UND JUGEND

Das kurze, unglückliche Leben der Cornelia Friederika Christiana Goethe beginnt am 7. Dezember 1750 in Frankfurt am Main. Ihr Vater, promovierter Jurist, Kaiserlicher Rat, wohlhabend und ohne Beruf, ist damals vierzig Jahre alt, ihre Mutter neunzehn, und der erstgeborene Bruder, Johann Wolfgang, nur fünfzehn Monate älter als Cornelia. Vier weitere Geschwister sterben früh, zuletzt, 1759, der erst siebenjährige Hermann Jakob. Dann sind Wolfgang und Cornelia allein miteinander; sie bleiben zusammen, bis Wolfgang Ende September 1765 zum Studium nach Leipzig aufbricht.

In *Dichtung und Wahrheit* nennt Goethe die jüngere Schwester *«einen Magneten, der von jeher stark auf mich wirkte»;* die Familienkonstellation charakterisiert er so: *«[...]; ein zwar liebevoller und wohlgesinnter, aber ernster Vater, der, weil er innerlich ein sehr zartes Gemüt hegte, äußerlich mit unglaublicher Konsequenz eine eherne Strenge vorbildete, damit er zu dem Zwecke gelangen möge, seinen Kindern die beste Erziehung zu geben, sein wohlgegründetes Haus zu erbauen, zu ordnen und zu erhalten; dagegen eine Mutter fast noch ein Kind, welche erst mit und in ihren beiden Ältesten zum Bewußtsein heranwuchs; diese drei, wie sie die Welt mit gesundem Blicke gewahr wurden, lebensfähig und nach gegenwärtigem Genuß verlangend. Ein solcher in der Familie schwebender Widerstreit vermehrte sich mit den Jahren. Der Vater*

*verfolgte seine Absicht unerschüttert und ununterbrochen;
Mutter und Kinder konnten ihre Gefühle, ihre Anforderungen,
ihre Wünsche nicht aufgeben.*

*Unter diesen Umständen war es natürlich, daß Bruder und
Schwester sich fest aneinander schlossen und sich zur Mutter
hielten, um die im ganzen versagten Freuden wenigstens zu
erhaschen. [...]*

*Und so wie in den ersten Jahren Spiel und Lernen, Wachs-
tum und Bildung den Geschwistern völlig gemein war, so daß
sie sich wohl für Zwillinge halten konnten, so blieb auch unter
ihnen diese Gemeinschaft, dieses Vertrauen bei Entwickelung
physischer und moralischer Kräfte.»*[1]

Die Freiheit der Kinder wird schon früh erheblich ein-
geschränkt. Vom dritten Lebensjahr an – Wolfgang seit
1752, Cornelia ein Jahr später – lernen sie lesen, schreiben,
rechnen, Naturgeschichte und Geschichte – teils von
Hauslehrern, teils in kleinen Familienschulen. Den ersten
Religionsunterricht erteilt der Vater persönlich (seit Dez.
1754). Bald kommen Fremdsprachen hinzu: Latein und
Englisch, Italienisch, vor allem aber Französisch (ab 1757).

Für ein Mädchen ihrer Zeit erfährt Cornelia eine unge-
wöhnlich gründliche und umfassende Ausbildung. Auch
im Zeichnen und in der Musik wird sie unterwiesen, sie
erhält Gesang- und Klavierunterricht, lernt Laute und Zi-
ther spielen, und, zusammen mit Wolfgang, das Tanzen.
Der ernste Kaiserliche Rat bläst dazu die *flûte douce.*

Doch er spannt die Kinder auch für seine Liebhabereien
ein. Sie müssen die Fütterung und mühsame Pflege der
Raupen übernehmen, die der Vater züchtet, werden mit

dem Bleichen der römischen Prospekte seiner Sammlung beschäftigt – viel unbeschwerte Zeit bleibt da nicht. Hin und wieder ein Konzertbesuch – im August 1763 hören sie den siebenjährigen Mozart –, Puppenspiele, Theaterbesuche und, dadurch angeregt, eigene Aufführungen (Johann Elias Schlegels *Canut*, Racines *Britannicus* im Original, Voltaires *Zaïre* wird geplant), vor allem aber Lektüre. Cornelia liest eifrig das *Magazine des adolescentes* der Frau von Beaumont, und mit dem Bruder deklamiert sie, sehr zum Unwillen des Vaters, die zügellosesten Passagen aus Klopstocks *Messias*[2]. Gelegentlich finden Kindergesellschaften und Kränzchen statt, reihum in befreundeten Familien – für Cornelia seltene Gelegenheiten, das Haus zu verlassen.

Bei allen Gemeinsamkeiten besteht doch zwischen den Geschwistern «*Ungleichheit von Anfang an. Cornelias Außenraum ist beschränkt. Sie wird früh zu einer verstehend Zuhörenden, von einer Erlebenden zu einer Beurteilenden. Das Leben der Phantasie und das Leben in der Rede, im Zuhören, im Erzählen, haben mehr Gewicht als die Realität. Die Arbeitsteilung zwischen den Geschwistern teilt ihr eine weibliche Rolle zu. Er ist der Regelbrecher und sie die begeistert Anteilnehmende.*»[3]

Cornelias Erfahrungen sind meist angelesen, ihre Erlebnisse literarisch vermittelt. Ihr Lebenshunger bleibt ungestillt. Ihrem Lehrer Philipp Seidel schenkt sie 1772 zum Abschied ein silbernes Petschaft. Es zeigt «*das Bild eines Vogelbauers, aus dem ein Vogel herausfliegt, mit der Umschrift: ‹La liberté fait mon bonheur.›*»[4] Sie hat das ersehnte Glück der Freiheit nie kennengelernt.

Ende September 1765 verläßt Wolfgang Frankfurt, um auf Wunsch des Vaters in Leipzig die Rechte zu studieren. Für Cornelia ist die Trennung vom Bruder schmerzlich. Sie verliert den Bundesgenossen im Protest gegen die väterliche Autorität, ihren einzigen Vertrauten, mit dem sie sprechen, phantasieren und kreativ sein konnte. Er geht und läßt sie zurück. *«Er treibt sich um, macht Erfahrungen, verändert sich, relativiert die Vergangenheit; ihr bleibt nur die Phantasie von der anderen Realität, der Welt der Erlebnisse und der erregenden Themen und Gefühle.»*[5]

Von nun an richtet sich die didaktische Leidenschaft des Geheimen Rats ungeteilt auf die Tochter, der *«bei einem völlig geschlossenen, durch den Frieden gesicherten und selbst von Mietleuten geräumten Hause fast alle Mittel abgeschnitten [waren], sich auswärts einigermaßen umzutun und zu erholen. Das Französische, Italienische, Englische mußte sie abwechselnd treiben und bearbeiten, wobei er sie einen großen Teil des Tags sich an dem Klaviere zu üben nötigte. Das Schreiben durfte auch nicht versäumt werden, und ich hatte wohl schon früher gemerkt»*, erinnert sich Goethe, *«daß er ihre Korrespondenz mit mir dirigiert und seine Lehren durch ihre Feder mir hatte zukommen lassen».*[6] – Kein Wunder, daß das gespannte Verhältnis Cornelias zum Vater sich weiter verschlechtert. Sie wehrt sich auf die ihr einzig mögliche Art: *«Sie tat alles, was er befahl oder anordnete, aber auf die unlieblichste Weise von der Welt. Sie tat es in hergebrachter Ordnung, aber auch nichts drüber und nichts drunter. Aus Liebe oder Gefälligkeit bequemte sie sich zu nichts [...].»*[7]

Wolfgangs Briefe aus Leipzig werden Cornelia wenig getröstet haben. Zwar wendet er sich ihr zu, doch deutlich von oben herab. So übermütig prahlt er und so hemmungslos spielt er sich auf, als wolle er vor allem ihren Neid wecken. Nicht mehr als «*Zwillinge*» sieht er sich und die Schwester, vielmehr betont er den Unterschied zwischen ihnen. «*Ihr andern kleinen Mädgen könnt nicht so weit sehen, wie wir Poeten*»[8], schreibt er ihr am 12. Oktober 1765, und der Geburtstagsbrief an Cornelia vom 6. Dezember desselben Jahres beginnt:

«*Mädgen,*

Ich habe eben jetzo Lust mich mit dir zu unterreden; und eben diese Lust bewegt mich an dich zu schreiben. Sey stoltz darauf Schwester, daß ich dir ein Stück der Zeit schencke die ich so nohtwendig brauche. Neige dich für diese Ehre die ich dir anthue, tief, noch tiefer, ich sehe gern wenn du artig bist, noch ein wenig! [...] Danck dem Himmel daß du einen Buchstaben von mir zu sehen bekommst. Du hast nichts zu thun, da kannst du dich hinsetzen und zirklen, ich aber muß alles in Eile thun.»[9]

Der scherzhafte Ton dieser Briefe kann kaum darüber hinwegtäuschen, daß der Student und angehende Dichter sich über die Schwester erhebt. Und was noch schwerer wiegt: Der Bruder schlüpft mehr und mehr in die Rolle des Vaters. Er sieht sich als Cornelias Hofmeister, bemäkelt pedantisch ihre Briefe wie sonst der Rat: «*Schreib deine Briefe auf ein gebrochenes Blat und ich will dir die Antwort und die Critick darneben schreiben. Aber lasse dir vom Vater nicht helfen. Das ist nichts. Ich will sehen wie du schreibst.*»[10] – Er korrigiert ihren Stil, kritisiert ihre Lektüre. Vor allem soll

Cornelia «*keine Romanen mehr lesen*»,[11] «*den einzigen Grandison ausgenommen.*»[12] «*An guter Unterhaltung im Lesen soll dirs aber nicht fehlen ich will deßwegen an den Papa schreiben.*»[13] – Cornelia soll auch «*nicht nur zum Vergnügen, sondern zur Besserung [ihres] Verstandes, und [ihres] Willens lesen. Bitte dir vom Papa Zeit dazu aus, er wird dir sie geben.*»[14] – «*Allein ich muß dich auch lesen lernen*», fährt Wolfgang fort. «*Siehe so must du es machen. Nimm ein Stück nach dem andern, in der Reihe, ließ es aufmercksam durch, und wenn es dir auch nicht gefällt, ließ es doch. Du must dir Gewalt antuhn. [...] Wenn du es gelesen hast; so mach das Buch zu, und stelle Betrachtungen darüber an. [...] Schreibe wie es dir gefällt, deine Gedancken über einzelne Stücke. Manchmahl werde ich Stücke aussuchen, und dein Urteil darüber erforschen. Dieses ist besser und dir nützlicher als wenn du 20 Romanen gelesen hättest.*»[15]

Der Bruder empfiehlt ihr einige klassische Werke der älteren Literatur und erzieherisch-erbauliche Schriften aus dem Geist der Aufklärung, verbietet Cornelia aber – «*Der Papa wird mit meinen Anstalten zufrieden seyn.*»[16] –, was sie anscheinend besonders interessiert: Boccaccios *Decamerone* – der erscheint ihm wohl erotisch zu gewagt –, Voltaires religionskritische Tragödie *Mahomet* und die *Causes célèbres et intéressantes* des François Gayot de Pitaval, eine Sammlung merkwürdiger Kriminalfälle. «*Der Pitaval ist nichts für dich*», schreibt er ihr auf französisch. «*Es sind nur Tatsachenberichte, ohne moralische Anmerkung, ohne jegliche Empfindung. Er wird dich gewiß langweilen.*»[17] Cornelia muß dem widersprochen haben, denn Monate später kommt Wolfgang auf dieses Buch zurück. «*Gerech-*

ter Himmel, wie gelehrt du geworden bist! In Zukunft werde ich mich nie mehr unterfangen dir Ratschläge für deine Lektüre zu geben, denn du weißt ja mehr als ich [...] und urteilst [...] in einem wahrhaft kritischen Ton. Trotzdem habe ich noch ein paar Bemerkungen zu machen. Du meinst, daß der Pitaval unterrichtend sei. Gut, das räume ich ein, doch nicht für dich kann er unterrichtend sein, sondern für einen Mann, der über diese Gegenstände, diese Vorfälle nachdenkt, der Nutzen draus ziehen könnte.»[18] – Der Bruder erstickt, mit dem Vater im Bunde, Cornelias Ansätze zu kritischer Selbständigkeit bei der Wahl ihrer Lektüre. Ihr Verlangen, Wirklichkeit wenigstens durch Literatur zu erfahren, erkennt oder billigt er nicht.

Zudem betont der junge Goethe deutlich seine überlegene Rolle als Mann und weist die Schwester in die Schranken ihrer Frauenrolle. Er fordert sie auf, «so wenig als möglich zu lesen»[19] und sich stattdessen in weiblichen Tugenden und Tätigkeiten zu üben, nämlich «die Sprachen immer fort zu treiben, und die Haushaltung, wie nicht weniger die Kochkunst zu studiren, auch dich zum Zeitvertreibe auf dem Claviere wohl zu üben, denn dieses sind alles Dinge, die ein Mädgen, die meine Schülerinn werden soll nohtwendig besitzen muß [...] Ferner verlange ich daß du dich im Tanzen perfecktionirst, die gewöhnlichsten Kartenspiele lernst, und den Putz mit Geschmack wohl verstehest.»[20] Das Tanzen und das Kartenspielen soll Cornelia zwar meiden, doch beherrschen müsse sie es, sie werde «schon erfahren», wozu das nützlich sei. Und dann fährt Wolfgang fort: «Wirst du nun dieses alles, nach meiner Vorschrifft, getahn haben, wenn ich nach

151

*Hause komme so garantire ich meinen Kopf, du sollst in einem
kleinen Jahre, das vernünftigste, artigste, angenehmste, liebenswürdigste Mädgen, nicht nur in Franckfurt, sondern im
ganzen Reiche seyn.*»[21] – Johann Wolfgang Pygmalion: Cornelia als sein Werk, die Schwester von des Bruders Gnaden.

Als Wolfgang am 1. September 1768 krank aus Leipzig
zurückkommt, kümmert sich Cornelia rührend um ihn,
und er ist ihr dankbar.[22] Sobald sein Gesundheitszustand
es erlaubt, gehen die Geschwister gemeinsam spazieren,
machen Besuche. Cornelia, inzwischen konfirmiert und
also gesellschaftlich erwachsen, genießt jetzt in Begleitung
des Bruders größere Bewegungsfreiheit. Sie haben denselben Freundeskreis. Gemeinsam unternimmt man Ausflüge in die nähere Umgebung – Wasserfahrten und
andere Lustpartien –, im Herbst wird die Weinlese gefeiert, im Früh- und im Spätjahr gibt es die Messen, der
Winter bringt die großen Freitagskonzerte, und dienstags
ist *«grande compagnie»;* Einladungen werden reihum gegeben, Verlobungs- und Hochzeitsfeiern fallen in die Jahre
1768-1769, hin und wieder ein Ball. Nach dem Straßburger Aufenthalt (April 1770 - August 1771) trägt Wolfgang
der Schwester begeistert seine neue Kunst- und Lebens-
auffassung vor: die Abkehr von Konventionen und die
Herrschaft des Ungekünstelten im Leben wie in der Dichtung; die Betonung des individuell Eigen- und Einzigarti-
gen; das Recht der ursprünglichen Empfindung gegenüber dem Verstand und dem Wissen und damit das Recht
jedes einzelnen, er selbst zu sein. Die neuen Leitworte:

Natur, Individualität, Freiheit. Die neuen Heroen: Shakespeare und Erwin von Steinbach. Wie Cornelia die revolutionären Ideen aufgenommen hat, wissen wir nicht. Sie, die *«am schwersten darunter gelitten, daß ihre ausgeprägte Eigenart daheim und bei den Freunden kein Verständnis fand»*[23], wird sich im Innersten betroffen gefühlt haben. *«Als eine Erlösung»*, meint Witkowski, *«mußte ihr die neue Lehre erscheinen, die ihr das Recht gab, sie selbst zu sein.»*[24] – Die neue Lehre wohl; nicht aber die noch unveränderte gesellschaftliche Wirklichkeit: denn sie ist eine Frau. Die *«scharfsichtige»* Cornelia dürfte sich über diesen Unterschied kaum getäuscht haben. Nur am Rande kann sie an dem neuen Leben teilnehmen, schreibt die Volkslieder ab, die der Bruder im Elsaß gesammelt hat, und am 14. Oktober 1771 wird mit viel Aufwand und Enthusiasmus Shakespeares Namenstag gefeiert. Wolfgang spricht mit der Schwester auch wieder über seine literarischen Arbeiten – Gedichte, Aufsätze, Dramenentwürfe –, und nach seinem Urteil haben wir es dem Drängen Cornelias zu verdanken, daß der *Götz* fertig wird.[25]

Auch wenn die Jahre zwischen Wolfgangs Rückkehr aus Leipzig und ihrer Heirat Cornelias glücklichste gewesen sein mögen,[26] darf man bezweifeln, daß das alte vertrauliche Verhältnis zwischen den Geschwistern sich wiederherstellt. Denn offenbar gibt es Dinge, die sie dem Bruder nicht mitteilen, mit ihm nicht – nicht mehr? – besprechen mag. Zu deutlich hat er sich in seinen Briefen aus Leipzig auf die Seite der Konvention geschlagen: Männer und Frauen haben verschiedene Rollen zu spielen, und dem Mann kommt die führende zu. Die Frage nach ihrer weiblichen Rolle ist es aber, die Cornelia bewegt, und für sie ist diese Frage zunächst noch offen, jedenfalls problematisch.

Mit wem soll Cornelia darüber sprechen, wenn nicht mit dem doch geliebten Bruder? Mit ihrem Vater gewiß nicht – das Verhältnis zu ihm ist gespannt wie zuvor. Cornelias Beziehung zur Mutter ist immer distanziert gewesen – zu fremd war die eher ernste und vom Intellekt bestimmte Tochter der vitalen und lebhaften, heiter – unbekümmerten Frau. Intime Freundinnen hat Cornelia zumindest in ihrer Umgebung nicht, wohl auch nie gehabt. Immer war sie prima inter pares, den Gleichaltrigen überlegen, *«die von ihr beherrscht wurden, ohne daß sie daran dachte».*[27] – So ist Cornelia mit ihren Problemen allein. In dieser Situation beginnt sie ihre *Correspondance Secrète.*

Briefe und Correspondance Secrete

Von den sieben erhaltenen Briefen Cornelias an Katharina Fabricius stammt nur der letzte aus der Zeit, als sie ihr Tagebuch schrieb. Wir müssen aber davon ausgehen, daß sie neben der *Correspondance Secrète* weiterhin offene Briefe mit der Freundin austauschte. Äußerungen im siebten Brief und im Tagebuch weisen darauf hin. Sie schreibt in französischer Sprache, was damals nicht nur in Adelskreisen, sondern auch im gebildeten Bürgertum durchaus noch üblich ist.[28] Zumindest teilweise hat Wolfgang die Briefe Katharinas für seine Schwester beantwortet, als ihr «*Sekretär*».[29] Von den geheimen Briefen des Tagebuchs jedoch – «*es spricht das Herz, und nicht der Verstand*» – darf nicht nur der Vater nichts wissen; Cornelia verbirgt sie auch vor ihrem Bruder.

In den offenen Briefen findet sich in der Tat kaum etwas, das die Mißbilligung des Bruders oder die Zensur des Vaters zu fürchten hätte. Im Gegenteil: Cornelia zeigt sich als gelehrige Schülerin und wohlgeratene Tochter. Von ein paar harmlosen Vergnügungen abgesehen, beanspruchen «*unumgängliche Geschäfte*» ihre Zeit, widmet sie sich dem «*Schreiben, Arbeiten, Lesen*». Und sie liest, nach dem Zeugnis dieser Briefe, nur, was moralisch und pädagogisch wertvoll und überdies von den Männern des Hauses empfohlen worden ist: die Briefe des Marquis de Roselle und Madame de Fervals[30] Schriften zur Erziehung. Für den Tod des Komponisten Schobert, die Neubesetzung des vakanten Bistums Worms und den Amtsantritt des neuen Kurfürsten bekundet sie ein Interesse, dessen Ernsthaftigkeit man bezweifeln darf. Auffällig ist indessen, wie sehr sie die Gründung des Cronstettenschen Fräuleinstifts beschäftigt. Wie die unbewußte Vorahnung ihrer eigenen Zukunft mutet die *«verdrießliche Geschichte»* jenes Fräuleins an, das das Stift verläßt, um zu heiraten, doch gleich nach der Verlobung erkrankt, nach der Eheschließung in Schwermut verfällt. – Ehe, ihr Schicksal als Frau, heißt hier das Thema, mit dem sich Cornelia im Tagebuch unermüdlich auseinandersetzen wird. Auch die im sechsten Brief erwähnte Neugier der Öffentlichkeit – von ihrer eigenen schweigt sie – auf den Ausgang des Prozesses, den *«eines der galantesten Fräulein unserer Stadt»*, das jetzt in den Wochen liegt, gegen ihren Liebhaber angestrengt hat, weist in diese Richtung. – Sonst verrät sie in den offenen Briefen kaum etwas, das sie zuinnerst angeht. Was hingegen in allen – bezeichnenderweise mit Ausnahme des letzten aus der Zeit des Tagebuchs – ganz unverhüllt zum Ausdruck kommt, ist Cornelias Gefühl, ihren Altersgenossinnen intellektuell überlegen zu sein. Sie wird nicht müde, altklug zu moralisieren und zu belehren. Dieser Ton ist es wohl, der ihr zwar die Achtung, kaum aber die vertrauliche Zuneigung ihrer Frankfurter Freundinnen eingetragen hat. So wird auch verständlich, daß Cornelia zu Katharina Fabricius im fernen Worms, die sie aus persönlichem Umgang kaum kennt, tieferes Vertrauen faßt als zu den langjährigen Freundinnen in ihrer

Nähe. Erst die Distanz macht Katharina zu der Briefpartnerin, die Cornelia sich erträumt.

Schreibt Cornelia ihre offenen Briefe, noch vor aller Erfahrung, aus dem Geist jener Moralischen Wochenschriften und der von ihnen gespeisten Romane, mit denen sie ihren Lesehunger stillt, so hören wir wenig später im Tagebuch den Stoßseufzer: «*Ach, warum wird man erst durch eigene Erfahrung klug.*»

Ihre Erfahrungen reflektiert Cornelia, nur mehr der eigenen Zensur unterworfen – und die ist mächtig genug –, in ihrer *Correspondance Secrète*. «*Niemand im Hause darf etwas von diesem Brief wissen*» – so beginnt sie eines sonntags früh, da sie ungestört ist, denn die anderen sind in der Kirche. Noch fürchtet sie sich vor einem Schreiben, das sich nicht mehr in den Grenzen der Konvention hält, in dem sie ungeschützt mitteilen möchte, was sie wirklich bewegt. Wieder ist es Literatur, die ihr über die Hemmschwelle hilft, ihr Lieblingsroman, Samuel Richardsons *Grandison*. Und gleich das Bekenntnis: «*Ich gäbe alles in der Welt darum, wenn es mir in einigen Jahren gelänge, der vortrefflichen Miss Byron auch nur ein wenig ähnlich zu werden.*» Geist und Schönheit wünscht sie sich. Doch da sie sich häßlich findet, «*wird es besser sein, den Geist auszubilden und zu versuchen, wenigstens von jener Seite erträglich zu sein.*» Das Ziel dieses Wunsches – denn Geist und Schönheit sind ihr nicht Selbstzweck –: ein Mann wie Sir Charles Grandison. Aber sofort steckt Cornelia vorsichtig zurück, denn der Wunsch scheint ihr allzu verwegen. «*Schade, daß es keinen mehr gibt wie ihn auf dieser Welt.*» Dann die Flucht aus dem kühnen Traum in die banale Alltagswirklichkeit: «*Halt, ich muß mir jetzt das Haar richten.*»

Die wesentlichen Themen, die Cornelia im Tagebuch umkreist, sind gleich eingangs beisammen: die Sehnsucht nach Liebe und Autorschaft und deren Voraussetzungen, schön und geistvoll zu sein; aber auch, trotz gelegentlicher Schwärmerei, der illusionslose Blick für die Wirklichkeit; die Empfindung, häßlich zu sein und nichts Interessantes mitzuteilen zu haben; der Mangel an Vertrauen in die eigenen Fähigkeiten; die Tendenz zu Selbsterniedrigung und Selbstzensur; die Neigung zu Selbstbestrafung – «*ich wäre zu tadeln, wenn ...*»; und schließlich die frühe Resignation – «*es wird niemals so sein.*»

Im achtzehnten Jahrhundert heiratet man noch nicht «aus Liebe». Für das Bürgertum ist die Ehe ein Zweckverband zur Erhaltung und Mehrung des Vermögens und zur Sicherung von Nachkommenschaft. Im schlechtesten Fall geht es nur um die materielle Versorgung der Töchter. Ehen werden zwischen Individuen geschlossen, aber von Familien gestiftet. Im Zweifel entscheidet nicht «*das Herz*», sondern «*der Verstand*». Cornelia bemüht sich, diese gesellschaftlichen Realitäten anzuerkennen und findet deren Vernünftigkeit bestätigt. Ehen ohne Geld «*glücken nicht*», das gilt in Worms wie in Frankfurt. Und was lehren die Beispiele? Heiratsfähige Töchter haben «*auf der Hut zu sein was die Freundschaft anbetrifft, und eher zu mißtrauisch als zu offen zu sein gegenüber Personen, die man noch nicht gründlich kennt.*»

Neben der Armut ist es die Leidenschaft, die eine Ehe gefährdet. Denn Leidenschaft macht blind, erkennt Cornelia, «*der Verstand ist unterjocht, man denkt nicht an die Zukunft, all unsere Aussichten sind heiter, wir atmen nur Wonne. Doch wenn wir wieder zu uns kommen, wenn wir nachdenken, was bleibt uns dann? Ein eitles Blendwerk, ein bloßes Hirngespinst von Glück, manchmal sogar gerade das Gegenteil von dem, was wir uns vorgestellt hatten.*» Daß Leidenschaft auch Männern «*völlig den Verstand rauben*» kann, sieht Cornelia an der «*Geschichte von St.*», die Katharina ihr berichtet. Aber die Folgen haben doch die Frauen zu tragen, wie jenes leichtfertige Fräulein in Frankfurt, das, «*in der Hoffnung auf eine Heirat*», schwanger wurde und nun gegen ihren treulosen Liebhaber prozessieren muß. Schließlich führt Leidenschaft zu «*Lastern aller Arten*»; das zeigt das Beispiel des jungen Lord, der sich «*äußerst verändert*» hat, seit er der Mätresse des Grafen Podocki verfallen ist.

Leidenschaft ist also bedenklich. Und dennoch gehört sie für Cornelia zu jener «*erhabenen Idee von der ehelichen Liebe, die, nach meinem Urteil, allein eine Verbindung glücklich machen kann.*» Im Unterschied noch zur Generation vor ihr, auch zu ihrer Mutter, die mit siebzehn Jahren – das heißt in Cornelias gegenwärtigem Alter – dem schon achtunddreißigjährigen Geheimen Rat vermählt wurde, vermag sich Cornelia eine Ehe aus bloßen Vernunftgründen nicht vorzustellen. Auch gegenseitige «*Achtung*», in solchem Fall das höchste der Gefühle, genügt ihr nicht. «*Werde ich einen Mann heiraten, den ich nicht liebe? Dieser*

Gedanke flößt mir Abscheu ein.» Ehe als Zweckgemeinschaft ist für Cornelia unvereinbar mit ihrer Würde und den Bedürfnissen ihres Herzens. «*Und doch*», fährt sie fort, «*wird das der einzige Ausweg sein der mir bleibt, denn wo sollte ich einen liebenswerten Mann finden der an mich dächte.*» Unverheiratet zu bleiben, ist für sie gar nicht denkbar: «*Es ist offensichtlich, daß ich nicht immer Mädchen bleiben kann, überdies wäre es sehr lächerlich, sich das vorzunehmen.*» In ein Kloster kann sich die Protestantin nicht zurückziehen, und das Fräuleinstift ist Adligen vorbehalten. Ehelos im Elternhaus zu bleiben, mag sie nicht einmal in Erwägung ziehen, es wäre «*lächerlich*».

Es gibt also keine Alternative zur Ehe. Doch sie wird für Cornelia erst zum Problem, «*da ich keinen Reiz besitze, der zärtliche Empfindungen wecken könnte.*» Sie findet sich häßlich.[31] Auch diesen Kummer vertraut sie nur dem Tagebuch an. «*Ich wäre zu tadeln*», heißt es gleich auf den ersten Seiten, «*wünschte ich, eine große Schönheit zu sein; nur etwas feinere Züge, ein glatter Teint, und dann diese sanfte Anmut, die auf den ersten Blick bezaubert.*» Wenig später antwortet Cornelia der Freundin, die sich lobend über ihre Erscheinung geäußert hat, sie könnte wohl pikiert sein und «*es für Satire halten, aber ich weiß, daß es die Güte Ihres Herzens ist, die von Ihnen fordert, mich so zu sehen. Doch mein Spiegel betrügt mich nicht, wenn er mir sagt, daß ich zusehends häßlicher werde*». Und sie gesteht, wie tiefunglücklich sie darüber ist.

Als die Brüder von Olderogge, Studienfreunde Wolfgangs aus Leipzig, ihren Besuch ankündigen, ist Cornelia verzweifelt und wird «*schamrot bei dem Gedanken, mich vor Personen von solchem Verdienst sehen zu lassen.*» Stunden vor dem Besuch gerät sie in Panik; sie will ausgehen, um eine Begegnung zu vermeiden, «*zwanzigmal*» eilt sie hinunter zur Tür und wieder zurück in ihr Zimmer, zugleich kommt sie sich lächerlich vor; schließlich verläßt sie das Haus, muß aber umkehren, weil sie sich zu schwach fühlt; sie will sich auskleiden – zu spät, der Besuch ist schon da, ihr Bruder kommt, um sie zu holen, und ist «*erschrocken als er mich sah, denn ich bin bleich wie der Tod. Ich kann da nicht hingehen – was soll aus mir werden – ich höre wie mein Cousin nach mir ruft – Sie soll kommen – Er kommt herein, ach meine Liebe retten Sie mich.*» Cornelia ist «*einer Ohnmacht nahe*». Widerstrebend, verwirrt, «*mehr tot als lebendig*» wird sie von dem Bekannten in den Salon gezogen, wo die andern Herren auf sie warten. «*Mechanisch*» läßt sie das Begrüßungsritual über sich ergehen. Man nimmt Platz. Unter dem Vorwand, das Licht blende sie, entfernt Cornelia sich von den Kerzen, um ihr Gesicht zu verbergen. Höfliche Konversation nimmt ihren Lauf. Vorübergehend fühlt sich Cornelia sogar besser, als sie ihre Geschicklichkeit im Klavierspielen zeigen kann, und der jüngere von Olderogge gefällt ihr, da er sie an den geliebten Freund Harry erinnert. Doch dann streiten die Herren, Wolfgang allen voran, über die Schönheit der Frankfurter und das gewisse Etwas der sächsischen Frauen – es muß für Cornelia peinigend gewesen sein. Doch artig spielt sie das Spiel der Männer mit, abgefunden mit einem Flirt.

Wie betäubt vor Schmerz ist Cornelia, als Arthur Lupton, Harry, ihre einzige Liebe, sie für immer verläßt. Der Sohn eines Tuchhändlers aus Leeds hält sich von 1764 bis 1768 in Frankfurt auf, um Deutsch zu lernen. Er ist zwei Jahre älter als Cornelia und «*[...] ging lange genug bei uns aus und ein*», schreibt Goethe in seiner Autobiographie, «*ohne daß ich eine Neigung zu meiner Schwester an ihm bemerkte, doch mochte er sie im stillen bis zur Leidenschaft genährt haben: denn endlich erklärte sich's unversehens und auf einmal. Sie kannte ihn, sie schätzte ihn, und er verdiente es. [...] Beide junge Personen schickten sich recht gut für einander: er war groß und wohlgebaut, wie sie, nur noch schlanker; sein Gesicht, klein und eng beisammen, hätte wirklich hübsch sein können, wäre es durch die Blattern nicht allzusehr entstellt gewesen; sein Betragen war ruhig, bestimmt, man durfte es wohl manchmal trocken und kalt nennen; aber sein Herz war voll Güte und Liebe, seine Seele voll Edelmut und seine Neigungen so dauernd als entschieden und gelassen.*»[32]

Doch im Herbst 1768 verläßt er Frankfurt, ohne sich von Cornelia zu verabschieden – «*ohne mir das letzte Lebewohl sagen zu* können» [Hervorhebung von H. S.], wie sie entschuldigend schreibt, als vermöchte sie das Ende des Traums von der Liebe anders nicht zu ertragen. «*Mein Herz ist unempfindlich gegen alles. – Keine Träne, nicht ein Seufzer – [...] – der gegenwärtige Zustand meines Herzens grenzt an Gefühllosigkeit.*» Doch wieder ist es der Spiegel, der ihr die Wahrheit sagt: «*Ich blicke in meinen Spiegel, und mich jammert, wenn ich den schrecklichen feuerroten Ausschlag sehe, den ich mir zugezogen ohne es zu merken. Ich bin sehr schön, glaub ich, in diesem Schmuck –*» Wie so oft in bedrängenden Situationen, reagiert Cornelia mit einem «*Ausschlag im Gesicht*»[33], «*ein Übel, das sich, durch ein dämonisches Mißgeschick, schon von Jugend auf gewöhnlich an Festtagen einzufinden pflegte, an Tagen von Konzerten, Bällen und sonstigen Einladungen.*»[34] Und wie so oft spielt Cornelia ihren Schmerz herunter, diesmal durch Spott und die ironisch-preziöse Metapher «*étalage*». Doch Situation und sprachlicher Kontext verraten, wie ihr zumute ist.

«*Welch ein Vorteil ist doch die Schönheit! Den Reizen der Seele zieht man sie vor*», seufzt Cornelia nach dem Besuch einer «*grande compagnie.*» Weil sie sich häßlich findet, fasziniert sie die Schönheit. Schönheit und Liebe aber gehören für sie untrennbar zusammen. So erklärt sich ihr nie erlahmendes Interesse für Paarbeziehungen. Viele Paare tauchen im Tagebuch auf, wirkliche wie mögliche, von Cornelia phantasierte. Die vielversprechende Paarbeziehung mündet jedoch nie in die Ehe. Die Ehen sind unglücklich, oder sie kommen nicht zustande (Mlle B. und der arme T., das galante Fräulein und ihr Liebhaber, Lisette und der Witwer B., Miss B. und Saint Albin). Es gibt moralisch bedenkliche Beziehungen (das galante Fräulein, St., die Mätresse des Grafen und der Lord), ungeklärte oder auch nur vermutete (Was will M. Hesse von Katharina? – Hat sie eine heimliche Neigung?), und schließlich solche, die Cornelia einfach lächerlich findet (Mlle H. und ihr «*lächerlicher Gegenstand*»).

Siegesgewisse Heldin im Reigen dieser Paare ist Lisette, Inbegriff weiblicher Reize, hinreißende Schönheit. Auf einem Ball besiegt sie vierzig Herzen auf einen

163

Streich, die Männerwelt sinkt ihr in Verehrung zu Füßen. Standesschranken reißt sie nieder – wenigstens eine Ballnacht lang –, macht Männer zu liebeskranken Rivalen. Sie erobert das Herz eines reichen, wenn auch nicht mehr jungen Witwers, der sie heiraten will, läßt ihn stehen für Dorval, der nicht nur reich, sondern auch jung ist, dazu von bestrickender Galanterie, und der ihr nach der Hochzeit die Welt zu zeigen verspricht. Während aber der Verlobte im Ausland seine privaten und geschäftlichen Angelegenheiten regelt, tröstet Lisette sich mit Theodor.

Und Cornelia? Sie bleibt allein. Goethe erinnert sich im Alter an ihre *«verzweifelnde Ungeduld über das Niebesessene, Mißlungene und Vorübergestrichene»* ihrer *«jugendlichen Neigungen.»*[35] Ihre Liebe wird nicht erwidert, ihre Neigung bleibt ohne Echo; Harry und die Olderogges reisen ohne Abschied von Frankfurt ab. Andererseits sieht sie sich mit unendlicher Ausdauer, Geduld und Treue verehrt von M. G. – doch sie findet ihn wie seine Liebe nur lächerlich; von Anfang an heißt er *«le misérable»* und *«le miséricordieux»*. Außer diesem barmherzigen Elendsmenschen interessiert sich am Ende nur noch einer für Cornelia, ein stutzerhafter reformierter Prediger, der sie lange durch sein Augenglas mustert, bevor er sie anspricht und mit Galanterien überhäuft – *«die lächerlichste Figur, [...] die einem unter die Augen kommen kann.»*

Wie erträgt Cornelia diesen Kontrast zu Lisette? Einmal, indem sie sich mit der bewunderten Schönheit identifiziert. So schildert sie, aus der Perspektive der allwissenden Erzählerin, ausführlich Lisettes grandiosen

164

Auftritt in der Darmstädter Hofgesellschaft, beschreibt minutiös Kleidung und Schmuck, besonders aber das unerhörte Aufsehen, das Lisette – «*Göttin*» oder «*Sterbliche*»? – erregt. Als der junge Prinz Georg auf sie zugeht, um sie zum Menuett aufzufordern, in dem entscheidenden Augenblick also, da das schöne Paar sich findet, heißt es nicht perspektivisch richtig «*er ging zu ihr hin*», sondern «*er kam [...]*». In der Phantasie hat sich Cornelia an Lisettes Stelle gesetzt. Und so ist es Cornelia, die «*durch eine wechselseitige Sympathie [...] augenblicklich eine zärtliche Neigung zu ihm*» faßt, «*die allein der Tod wird besiegen können.*»

Etwas ähnliches geschieht in der Saint Albin-Episode. Der schöne und galante Kavalier ist mit Cornelias Freundin Miss Marie B.. verlobt, zeigt aber, schreibt Cornelia, «*mehr Aufmerksamkeit für mich, als ich verdiene, und wenn Miss Marie seines Herzens nicht so sicher wäre, könnte sie eifersüchtig werden.*» Saint Albin stirbt nach einem Ball an «*entzündlichem Fieber.*» «*Grausamer Gedanke, der mir jedes Gefühl raubt [...] Wenn ich an ihrer Stelle wäre – Himmel – aber ich weiß nicht, was ich da schreibe.*» – Miss B. jedoch läßt der Verlust des Geliebten kalt. – «*Versetzen Sie sich in meine Lage*», fährt Cornelia fort, «*ach, meine Liebe, ich kann Ihnen nicht sagen, was ich dachte –*» Und dann wechselt sie, Saint Albins gedenkend, in das vertrauliche Du: «*Aber nein, Du bist glücklich; tausendmal glücklicher jetzt, als wenn Du solch eine Frau gehabt hättest.*»

Wiederum nur über die Identifikation mit Lisette gelingt es Cornelia, eine erfüllte erotische Situation nachzuerleben. Lisette hat sich beim Tanzen erhitzt, verläßt den

165

Ballsaal und wirft sich in einem Nebenzimmer auf ein Ruhebett; «*aber kaum war ich dort ein paar Minuten*», so läßt sie ihr glückliches Alter ego erzählen, «*[...] als man durch das ganze Haus nach mir rief, schließlich kommt Dorval herein .... Da, meine Liebe, offenbarte er mir seine Leidenschaft ... er sagte mir alles, was eine aufrichtige Liebe eingeben kann .... Ich war verwirrt ... Er sah, daß er mir nicht gleichgültig war.*» Sie verlassen das Kabinett als Verlobte.

Cornelia hat selbst eine ähnlich verfängliche wie verheißungsvolle Situation erlebt, ihre Schilderung verrät, daß sie sich dessen bewußt ist – doch was macht sie daraus! Sie ist in ihrem Zimmer, um sich herzurichten. «*Wie ich gänzlich unbekleidet bin, höre ich sehr heftig läuten*», Besuch wird angekündigt, es ist der schöne Gesandte. «*Ich zitterte am ganzen Leibe, und in meiner Aufregung machte ich alles verkehrt, so daß ich gerade mein Negligé band, als sie hereinkamen. [...] Ich machte eine alberne Figur [...] Endlich entschied ich mich hinauszugehen, was ich so linkisch tat, daß ich jämmerlich anzusehen war.*» Noch als sie dem Gesandten eine Woche später in der Öffentlichkeit wiederbegegnet, schwärmt sie: «*Wenn ich die Liebe malen wollte, ihn nähme ich zum Muster.*»

Auch zu Lisettes glänzenden Erfolgen auf dem Darmstädter Hofball erlebt Cornelia eine Parallele – doch auch hier wieder der Unterschied ums Ganze. Wolfgang ist krank, deshalb besucht sie das übliche Freitagskonzert ohne ihn. Und was geschieht? «*Mehr als dreißig Herren machten mir den Hof, und alle ihre Unterhaltungen begannen mit: Miss, wie geht es ihrem Herrn Bruder? Ich habe gehört, er sei krank –»* Zwar reagiert Cornelia amüsiert, weil sie die Situation genau so vorausgesehen hat; aber wieder steht sie im Schatten.

Wenn Phantasie und Identifikationskraft versagen, versucht Cornelia, durch Herabsetzung und Rationalisierung ihre Rolle erträglich zu machen. Durch das gesamte Tagebuch zieht sich die Spur ihres Ressentiments gegen jene, die glücklicher sind als sie: Spott, zuweilen boshaft und gehässig; Neid und Mißgunst; Schadenfreude bis zur Grausamkeit; Eifersucht und Verachtung. Besonders deutlich wird das an ihrem Verhalten gegenüber M. G., dem *«Barmherzigen»*, der ihr ebenso hartnäckig wie erfolglos den Hof macht. Selbst als sich schließlich herausstellt, daß er und Cornelia Opfer einer Intrige gewesen sind, als sie einsehen muß, *«daß ich ihm vier Jahre lang Unrecht getan»* und *«daß er keinen Fehler begangen hatte als den, mich zu sehr zu schätzen»*, verspricht Cornelia ihm zwar der guten Form halber ihr Wohlwollen, kann sich aber vor Lachen kaum halten, als sie an die Situation zurückdenkt. M. G. bleibt bis zum Schluß die *«lächerliche Figur»*, weil er Cornelia daran erinnert, daß sie selbst eine *«jämmerliche»* macht, wenn es darauf ankommt. Um seine Verehrung ertragen zu können, müßte Cornelia mit sich selbst versöhnt sein.

Da ihr das nicht gelingen kann, läßt sie *«Sophie»*[36] für sich sprechen, die Gouvernante in ihr: Leidenschaft macht blind und beraubt den Menschen seines Verstandes. Daß Lisette ein Porträt ihres zukünftigen Gatten besitzt, findet Cornelia lächerlich – dabei wünscht sie sich nichts sehnlicher. Bälle, die sie so liebt, *«sind für die Jugend allemal* schädlich», deshalb «*haben die Gelehrten recht, sie zu verbieten*». Schönheit schließlich – «*Ich gäbe alles in der Welt darum ...*» – wird diffamiert als «*gefährliche Gabe*». «*Ich bin froh sie nicht zu haben; wenigstens mache ich niemanden unglücklich.*»

Goethe hat im Rückblick Cornelia ein «*eignes*»[37] «*merkwürdiges Wesen*»[38] genannt, «*das weder mit sich einig war, noch werden konnte.*»[39] Diese Bemerkung des Bruders, der an seine Schwester stets mit tiefer Sympathie gedacht hat, bestätigt das Tagebuch. Cornelia wird geplagt von selbstzerstörerischen Gefühlen. Sie schämt sich, Katharina Fabricius mit «*Nichtigkeiten zu belästigen*», schämt sich ihrer «*langweiligen Berichte voller Unverschämtheiten*»; sie schämt sich ihres Verlangens zu gefallen, ihrer Wünsche schlechthin; schämt sich ihrer «*vergangenen Schwachheiten*» und empfindet sich als Zumutung für «*Menschen von Verdienst*»; sie schämt sich immer wieder ihrer Häßlichkeit, schämt sich des Lobes und der Freundlichkeit anderer, «*die ich so wenig verdiene*». Sie getraut sich nicht, ihre Gefühle für Harry zum Beispiel auch nur sich selber einzugestehen. «*Achtung*» erlaubt sie sich noch, nicht aber «*Liebe*». Denn Liebe bedeutet Schwäche, gegen die man ankämpfen muß. Sie verursacht Schuldgefühle, und Schuld verlangt nach Strafe. «*Verurteilen Sie mich*», fordert Cornelia die Freundin auf, wegen meiner Liebe zu Harry. «*Ich mache mich lächerlich durch diese Leidenschaft*», «*und ich verdiene es.*» Daß die Soirée, auf der Harry heimlich porträtiert werden soll, nicht zustande kommt, weil einige Damen verhindert sind, empfindet Cornelia als gerechte

«*Strafe für meinen Hochmut*» – den Hochmut, sie dürfe sich erlauben zu lieben, dürfe hoffen, geliebt zu werden. Ein andermal entschuldigt sie ihre Anmaßung, «*einem solchen Manne [...] gefallen*» zu wollen: «*Sie sehen, die Müdigkeit verwirrt mich*». Haltung will Cornelia bewahren um jeden Preis – aber dann die Panik: Als die Gebrüder Olderogge zu Besuch kommen, ist sie einer Ohnmacht nahe; da der Gesandte sich melden läßt, zittert sie am ganzen Leibe; Lampenfieber schüttelt sie schon Tage bevor Harry kommen soll; und daß Lisette und deren Mutter sie der Verleumdung bezichtigen, versetzt Cornelia in einen anhaltenden Erregungszustand.

Doch Cornelia leidet nicht nur an ihren unerfüllten Wünschen und ihrem «*unbegreiflichen Wesen*» [40] – wobei es sich von selbst versteht, daß dieses Leiden zugleich Ausdruck ihres gesellschaftlichen Schicksals ist; Scham und die Furcht, lächerlich zu erscheinen, sind Reaktionen auf Öffentlichkeit. Auch die alltäglichen Umstände machen ihr zu schaffen. Durch das ganze Tagebuch hindurch zieht sich die Klage, sie könne nicht so viel schreiben, wie sie möchte. Die ihr vom Vater aufgetragenen Arbeiten hindern sie daran; dazu die gesellschaftlichen Verpflichtungen und Unternehmungen – Besuche, Ausflüge, Konzerte, Bälle –, die Weinlese und die für ihre Gesundheit so wichtigen Spaziergänge. Selbst der häusliche Rhythmus stört sie zuweilen; sie stiehlt sich nach Tisch davon oder läßt gar das Abendessen ausfallen, gewiß unter einem Vorwand.

Cornelia fühlt sich eingeengt – «*in mein Zimmer ge-*

bannt» –, es fehlt ihr an Anregung von außen. Die Gesellschaften findet sie *«langweilig»*, die Kränzchen *«fade»*, die dort übliche Konversation *«abgeschmackt»* und *«töricht»*, die konventionellen Schmeicheleien *«läppisch»*, ihre Freundinnen sind *«alberne Geschöpfe»*. Sicherlich spricht Wolfgang ihr aus dem Herzen, wenn er sich über Frankfurt beklagt, *«wie wenig Geschmack hier herrsche, wie stumpfsinnig unsere Bürger seien.»* Wenn sie ausgeht, muß sie darauf achten, wer sie begleitet, weil die Leute gleich *«unbarmherzig klatschen.»* Sie fühlt sich beobachtet und hat daher *«gute Gründe, [sich] zurückgezogener zu halten denn je.»* Cornelias Hunger nach Welt und wirklichem Leben bleibt ungestillt. Gegen Ende ihres Tagebuchs häufen sich die Klagen über die *«Eintönigkeit»* ihrer Existenz.

Aus Cornelias Leiden unter der Enge und Monotonie ihres Lebens erklärt sich auch ihr Mitgefühl mit Katharinas Schwester, die in Frankfurt bei Verwandten lebt. Sie ist unglücklich, weil sie sich wie im *«Gefängnis»* fühlt. Ist das aber nicht die Situation aller «Mädchen aus gutem Hause»? Cornelia sieht es so, und *«scharfsichtig»* wie sie ist, sieht sie es wohl richtig. Sie äußert sich über ihre Beobachtungen auf einer Dienstagsgesellschaft in einem offenen Brief an Katharina, so also, daß der Vater es lesen kann, vielleicht auch soll. *«Welch ein erbärmlicher Auftritt»*, schreibt sie, *«ach meine Liebe, Sie kennen ja die Damen, die daran teilnehmen; wir sprachen von Haushaltung, von der Lektüre, den Künsten, den Sprachen. Was sagen Sie dazu? Ich für mein Teil litt dermaßen unter dieser Konversation, deren Schalheit ich nicht abwenden konnte, daß ich lange brauchte,* mich davon zu erholen. Da konnte ich mit Muße den eigentümlichen Charakter einer jeden studieren, und ich erkannte klar, daß es die Erziehung ist, die sie so dumm macht. Sie spielen die Frömmlerin, unnatürlich und übertrieben, sehen keinen Mann an, weil man ihnen durchaus verbietet, sich mit irgend jemandem sonst zu unterhalten als mit demjenigen, der einmal ihr Ehemann sein wird; jegliche private Bekanntschaft, mit wem auch immer, sollen sie meiden; und wenn sie nur sehr wenig sprächen, sich recht gerade hielten und sich zierten, dann seien sie vollkommen. Ist das nicht eine ganz erbärmliche und wenig nachahmungswürdige Erziehung, findet man doch an Stelle geistvoller junger Mädchen nur Bildsäulen, die nichts anderes vorbringen als ja und nein. Ich könnte mich über diesen Gegenstand noch weiter auslassen.»

Wenn Cornelia ihre Freundinnen «dumm» nennt, denkt sie weniger an intellektuelles Niveau oder Wissen. Sie kritisiert vielmehr die ängstliche Enge, die Wirklichkeitsferne, den moralischen Formalismus einer Erziehung, die ihre Objekte – junge Mädchen – daran hindert, Welt und Menschen kennenzulernen, sich im Umgang mit der Realität zu entfalten, zu ihrer individuellen Ausdrucksfähigkeit zu finden, und die sie dadurch zu Unnatürlichkeit und Heuchelei zwingt. Wohl möglich, daß sie sich selbst, wenngleich unausgesprochen und vielleicht unbewußt, als Opfer einer derartig «erbärmlichen Erziehung» sieht. Und es bleibt ihr auch die bittere Erfahrung nicht erspart, wie wenig es hilft, «den Geist auszubilden», wenn andere Kräfte brachliegen, weil die gesellschaftliche Wirklichkeit ihre Entfaltung verhindert. Viele ihrer Altersgenossinnen waren womöglich in ihrer fraglosen Beschränktheit glücklich oder fanden sich leichter damit ab. Die intelligente Cornelia hingegen hatte in ihrem Bruder lebendig vor Augen, was unter den Bedingungen größerer Freiheit möglich war.

Wolfgang hat Erfolg, in der Liebe wie in der Literatur. Cornelia ist eifersüchtig auf Mlle B. und vor allem auf Mlle S., die den Bruder «*vergöttert*», trotz «*allen den Fehlern, die er gegen sie begangen hat*». Er ist gesellschaftlich fast so erfolgreich wie die bewunderte Lisette, Cornelia beneidet ihn darum. Er ist «*immer beschäftigt*». Deshalb wagt sie ihn «*nicht so oft zu stören wie [sie] möchte –*». Gerade arbeitet er «*an einer neuen Komödie*», und er liest der Schwester «*seine Stücke immer vor*». Was aber Cornelia schreibt, darf der Bruder nicht erfahren.

Immer wieder betont sie in ihrer *Correspondance Secrète*, sie müsse «*heimlich*» schreiben, und heimlich solle die Freundin antworten. Niemand darf etwas von dem Tagebuch wissen, niemand außer den Freundinnen in Worms diese Blätter lesen – Wolfgang vielleicht am wenigsten. Denn es spricht viel dafür, daß Cornelia ihr geheimes Tagebuch auch in Konkurrenz zum Bruder schreibt.[41] Daß sie es als Literatur versteht, sich selbst als Autorin bestätigen möchte, wird vielfach deutlich. So heißt es zum Beispiel in einer deutsch geschriebenen Fußnote zum Wort «*Cousin*» in der Schilderung des Besuchs der Brüder Olderogge: «*Dieser ist der Bruder der Schreiberin*», nicht einfach «*mein Bruder*». Viele Tagebuchblätter sind offensichtlich Stilübungen, zum Teil erkennbar nach litera-

172

rischen Vorbildern – Richardson und Rousseau. Schon der Locus amoenus im fünften offenen Brief an Katharina bildet überdeutlich den durch die Anakreontik vermittelten antiken Topos nach. Die *Correspondance Secrète* beginnt im geziert-pedantischen Briefstil der Zeit, jenem Stil, den Wolfgang von Leipzig aus kritisiert hat, mit der von Gellert übernommenen Mahnung: «*Schreibe nur wie du reden würdest, und so wirst du einen guten Brief schreiben.*»[42] Doch erst allmählich schreibt Cornelia sich frei und verwendet dann häufig den Stil lebhaft gesprochener Sprache; sie will munter und witzig erscheinen, bricht mitten im Satz, ja im Wort ab, stammelt, räuspert sich, lacht laut oder verstummt beziehungsvoll.

Deutlich von literarischen Ambitionen geprägt ist die märchenartige Schilderung von Lisettes Auftritt auf dem Hofball in Darmstadt, sind die Porträts der Brüder Olderogge – die Cornelia als Zitate ihres Bruders ausgibt – und von Lisettes Verlobtem Dorval. Nach dem Vorbild des sentimental-moralischen Briefromans der Zeit, unterbrochen von Dialogen, schildert Cornelia die erste Begegnung zwischen Dorval und Lisette, auch ihren eigenen Konzertbesuch mit Charlotte – da kommt sie sich vor wie eine jener «*Romanheldinnen*», obwohl sie doch, ganz gegen die Regeln des Genres, nicht schön ist und also auch kein Recht auf Abenteuer hat. Dann erleben wir noch einmal Lisette auf einem Ball; schließlich Cornelias Begegnung mit Saint Albin und, als Kontrast, den Auftritt von Monsieur G. Auch in der Olderogge-Szene wird Cornelias Sinn fürs Dramatische deutlich; und voll satirischer Lust, gemischt mit Neid auf die glückliche Adressatin, schreibt sie die schwülstig-preziösen Briefe Dorvals an Lisette, die sie angeblich auswendig kennt.

In all diesen Berichten, Beschreibungen, Schilderungen, Szenen und Dialogen sehen wir Cornelia als Schriftstellerin am Werk; man kann sogar das Tagebuch insgesamt als autobiographischen Roman lesen.[43] Cornelia schickt es den Freundinnen, weil sie als Autorin ein Publikum braucht. Dazu paßt umgekehrt, daß sie ihren literarischen Versuch als Tagebuch kaschiert. Im Fall des Mißlingens wäre der Roman, den sie entwirft, eben nur ein Tagebuch. Auch daß Cornelia sich der französischen Sprache bedient, könnte eine solche Vorsichtsmaßnahme sein. Obwohl ihr das Französische von Kindheit an vertraut ist, beherrscht sie es selbstverständlich nicht so gut wie ihre Muttersprache. Schwächen der «Schreiberin» ließen sich zumindest teilweise dem fremden Idiom anlasten; vor allem aber schafft es Distanz, dämpft den existentiellen Ernst des Schreibens wie des Geschriebenen, senkt also die Hemmschwelle. Cornelia spielt die Rolle der Schriftstellerin. Auch das Lob des kritischen Bruders klingt vielleicht nach, seine bewundernde Anerkennung für eine französisch geschriebene Szene, die sie ihm einmal nach Leipzig geschickt hat. «Ich bin überwältigt von deinem Brief, deinen Schriften, deiner Denkungsart», ruft er aus. «Ich sehe darin nicht mehr das kleine Mädchen, die Cornelia, meine Schwester, meine Schülerin, ich sehe darin einen reifen Geist, eine Riccoboni, eine Fremde, einen Autor von dem ich meinerseits lernen kann.» Da ist, endlich, alles auf einmal: das

Zeugnis ihrer Reife, die Erklärung der Mündigkeit, der Meisterbrief, der Ehrentitel «*Auteur*», – und die Unterwerfungsgeste des bisher so hoch überlegenen Lehrers: «*Oh meine Schwester, bitte in Zukunft keine solchen Briefe mehr, oder ich verstumme.*»[44] Als aber Cornelia im Dezember 1768 ihr «*Geschreibsel*» im Tagebuch noch einmal durchliest und zu dem selbstkritischen Urteil gelangt: «*Ich tauge nicht zu ...*», wagt sie den Satz nicht zu vollenden, läßt den vernichtenden Schluß – «Ich tauge nicht zur Schriftstellerin, kann keine Geschichten erfinden» – offen. Tatsächlich müht sie sich weiter, denn sie schreibt um ihr Leben. Da Cornelia in der traditionellen Frauenrolle versagt, muß sie wenigstens vor sich selbst als Autorin bestehen. Unter diesem Aspekt könnte das Abbrechen des Tagebuchs bedeuten, daß sie sich ihr Scheitern auch als Schriftstellerin eingestehen muß. Die beiden Wunschträume ihres kurzen Lebens, Liebe und Autorschaft, bleiben unerfüllt.

Den Enttäuschungen in der Liebe versucht Cornelia anfangs noch mit stoischer Fassung zu begegnen. Als Harry sie ohne Abschied verlassen hat, schreibt sie an Katharina Fabricius, sie klage nicht, sondern werde sich «*betragen, wie es mir geziemt.*» Nie mehr will sie sich «*von äußersten Gefühlen hinreißen lassen, sei es Freude, sei es Trauer.*» Sie habe «*für immer der Liebe entsagt.*» Und wenig später: «*Nie ist man glücklicher, als wenn man ganz gleichgültig ist, man kann alles freier betrachten, man ist imstande, Überlegungen anzustellen.*» Die «romanhaften», «närrischen» Vorstellungen von der Liebe habe sie aufgegeben. Das

«Vergnügen, [...] die Menschen zu beobachten», soll an die Stelle des Lebens treten. Cornelia will nur noch betrachtende Zuschauerin sein.

Doch in der zweiten Hälfte des Tagebuchs – nach Harry ist auch der junge Olderogge abgereist, ohne sich von ihr zu verabschieden – häufen sich die Anzeichen der Resignation. An ihrem achtzehnten Geburtstag schreibt Cornelia: *«Die Zeit ist verflossen wie ein Traum; und ebenso wird die Zukunft vergehen; mit diesem Unterschied, daß mir mehr Leiden zu erdulden übrig bleiben als ich bisher habe kennenlernen. Ich ahne sie –.»* Nach Saint Albins Tod sinkt sie in tiefe Melancholie. Weil sie reizlos und häßlich sei, werde sie niemals das Glück der Liebe erfahren. Das endgültige Zerwürfnis mit der Freundin Lisette, die sie als ihr glückliches Alter ego beschäftigt hat wie keine andere, kommentiert sie mit der lapidaren Einsicht, *«daß dies der Lauf der Welt ist.»*

Es gibt im Tagebuch Äußerungen und Arten des Verstummens, die einen geheimen Todeswunsch vermuten lassen. Als Cornelia nach Harrys Weggang, versteinert vor Schmerz, im Spiegel ihr von nervösem Ausschlag entstelltes Gesicht erblickt, heißt es: *«Wenn mir nur zum Lachen wäre, ich könnte [mich totlachen] – doch wohin verirre ich mich –».* – *«Alles kommt zusammen, um mich zur Verzweiflung zu treiben»*, klagt sie vier Tage später – die Brüder Olderogge *«reisen heute morgen ab»* –, *«mein Bruder ist diesen Augenblick fortgegangen um ihnen Lebewohl zu sagen, – ach was für ein Gedanke mir kommt – nein nein – Adieu G. C.»* Ist es nur der Gedanke, ihrem Bruder nachzugehen? Cornelia beschwört die Freundin, diesen Brief wohl in Acht zu nehmen, «*ich wäre verzweifelt, wenn ein anderer als Sie und meine liebe Mlle Meixner diese Narrheiten zu Gesicht bekäme.*» – Nach Saint Albins Tod identifiziert Cornelia sich mit seiner Verlobten: «*Wenn ich an ihrer Stelle wäre – Himmel – doch ich weiß nicht, was ich da schreibe*». Cornelias Abwehr richtet sich gegen den verbotenen Wunsch, die Braut des Verstorbenen zu sein. Doch im Zusammenhang mit jener anderen Phantasie von der jungen Witwe, die «*beim Tode ihres Mannes wehklagt und mit ihm sterben will*», könnte die Äußerung, ihr unbewußt, auf einen Todeswunsch hindeuten, zumal Cornelia auch diesen Brief beschließt mit der Mahnung, ihn wohl zu hüten; was sie ausdrücklich nur dann tut, wenn sie über ihre geheimsten Gedanken spricht – oder sie verschweigt.

Cornelias zunehmende Resignation läßt sich auch an der Häufigkeit ihres Schreibens und an der Länge der Briefe ablesen. Zu Anfang der *Corrrespondance Secrète* hat sie gar nicht so viel Zeit zum Schreiben, wie sie sich wünscht. Nahezu täglich greift sie zur Feder, bis zu vier Mal. Von der Mitte des Tagebuchs an nehmen Schreibhäufigkeit wie Umfang der Briefsendungen merklich ab. Am Ende liegen zwischen den einzelnen Briefen bis zu vier Wochen des Schweigens.«*Den Grund dafür kenne ich sehr wohl*», bemerkt sie. «*Wenn man nichts zu erzählen hat, was einen selbst interessiert, findet man es langweilig, von den anderen zu sprechen.*» Was sollte Cornelia noch interessieren, da ihr die Liebe sowenig gelingt wie die Literatur?

Doch bevor sie ganz verstummt, rafft sie sich noch ein-

177

mal auf zu der melodramatischen Schilderung eines
Schiffsunglücks auf dem Main, die nicht frei ist von un-
freiwilliger Komik. Es ist die ausführlichste literarische
Etude in ihrem Tagebuch. Kurzsichtig wäre es aber, darin
nur eine letzte schriftstellerische Fingerübung zu sehen: –
Ein junger Reformierter aus Frankfurt lädt anläßlich seiner Verheiratung Freunde und Bekannte zu einer Wasserfahrt nach Offenbach ein, wo er für sie einen Ball geben
will. Vierzig Personen besteigen das Schiff, Damen und
Herren aus Frankfurts besseren Kreisen. Drei Boote folgen; eins mit den Kindern, den Dienstmägden und dem
Proviant, zwei weitere mit Musikern. Unterwegs bricht
ganz unerwartet ein Unwetter los. Unter den Ausflüglern
kommt es zur Panik. Die Mütter erweisen sich als töricht,
die Väter als unfähig, die Kinder vergißt man. Nur dank
der Hilfe Gottes und des Steuermanns kommen alle mit
dem Leben davon. – Der Text fällt ein vernichtendes Urteil
über die Familie des höheren Bürgertums, dem auch Cornelia Goethe entstammt.

EHE, KRANKHEIT, TOD

Im Oktober 1772 verlobt sich Cornelia mit Johann Georg Schlosser. Goethe hält sich seit dem Frühjahr in Wetzlar auf. Er hat, später jedenfalls, einen Zusammenhang gesehen zwischen seiner längeren Abwesenheit und der Verlobung Cornelias: «*Als ich nach Wetzlar ging, schien ihr die Einsamkeit unerträglich; mein Freund Schlosser, der Guten weder unbekannt noch zuwider, trat in meine Stelle. Leider verwandelte sich bei ihm die Brüderlichkeit in eine entschiedene und, bei seinem strengen gewissenhaften Wesen, vielleicht erste Leidenschaft. Hier fand sich, wie man zu sagen pflegt, eine sehr gätliche*[45]*, erwünschte Partie, welche sie, nachdem sie verschiedene bedeutende Anträge, aber von unbedeutenden Männern, von solchen, die sie verabscheute, standhaft ausgeschlagen hatte, endlich anzunehmen sich, ich darf wohl sagen, bereden ließ.*»[46] Wohl möglich, daß es so war: Nach wiederholten schmerzlichen Trennungen – Leipzig, Straßburg, Wetzlar – hatte Cornelia einsehen müssen, daß die Partnerschaft mit dem Bruder nicht von Dauer sein konnte. Sie mußte sich, inzwischen zweiundzwanzig Jahre alt, damit abfinden und von ihrem Bruder unabhängig werden. Unter den für sie gültigen Bedingungen war eine Heirat «*der einzige Ausweg*».

Wir wissen nicht, wie gut Cornelia ihren künftigen Mann kannte, ob sie ihn liebte, was sie mit ihm verband. Sie hatte ihn, der aus einer angesehenen Frankfurter Juri-

179

stenfamilie stammte, über den Bruder kennengelernt. Der bemerkte an Schlosser «*Ernst, Strenge und vielleicht Eigensinn. Er war gewissermaßen das Gegenteil von mir.*»[47]

Über die Verbindung zwischen Cornelia Goethe und Johann Georg Schlosser gibt es widersprüchliche Äußerungen. Wolfgang schwärmt im Oktober 1772: «*Unsre beyden Verliebten, sind auf dem Gipfel der Glückseeligkeit.*»[48] Am 25. Dezember 1773 schreibt er an Kestner: «*Meine Schwester ist brav. Sie lernt leben! [...] Schlosser ist der beste Ehmann, wie er der zärtlichste, unverrückteste Liebhaber war.*»[49] Und Cornelia? Bald nach der Heirat heißt es in einem Brief an Caroline Herder: «*– alle meine Hoffnungen, alle meine Wünsche sind nicht nur erfüllt – sondern weit – weit übertroffen. – wen Gott lieb hat dem geb er so einen Mann –*»[50] Das ist ein abgewandeltes Zitat aus dem *Götz,* und die Redensart klingt durch: «*Wen Gott lieb hat, dem gibt er Wohnung und Nahrung zu Frankfurt.*»[51] – Schlosser äußert sich anfangs überschwenglich. Kurz nach der Hochzeit schreibt er an Lavater: «*Meine Geliebte ist nun meine Frau! Die schönste Weiber-Seele, die ich mir wünschen konnte: Edel, zärtlich, gerade! Eine Frau, wie ich sie haben mußte, um glücklich zu seyn [...].*»[52]

Doch trübte sich das Glück, wenn es eins war, schon bald. In der 1776 erschienenen Parabel *Eine Ehestandscene,* die kaum verhüllt das Verhältnis zwischen Cornelia, Wolfgang und Schlosser darstellt, und dann in einem Brief an seinen Bruder bekennt Schlosser: «*Ihr ekelt vor meiner Liebe.*»[53] – «*Sie war ein merkwürdiges Wesen, sie stand sittlich sehr hoch und hatte nicht die Spur von etwas Sinnlichem,*» urteilt der alte Goethe über seine Schwester. *«Der Gedanke, sich einem Manne hinzugeben, war ihr widerwärtig, und man mag denken, daß aus dieser Eigenheit in der Ehe manche unangenehme Stunde hervorging. [...] Ich konnte daher meine Schwester auch nie als verheiratet denken, vielmehr wäre sie als Äbtissin in einem Kloster recht eigentlich an ihrem Platze gewesen.»*[54] – *«Sie besaß alles, was ein solcher höherer Zustand verlangt, ihr fehlte, was die Welt unerläßlich fordert.»*[55]

Besonders schmerzlich empfindet Cornelia die endgültige Trennung vom Bruder. Als sie ihrem Mann im Dezember nach Karlsruhe folgt, schreibt sie an Caroline Herder: *«Mein Bruder konnte uns nicht begleiten, ich hätts gewünscht für ihn und für mich – wir waren in allem Betracht mit einander verschwistert – und seine Entfernung fühle ich am stärcksten –.»*[56] So sieht es auch Goethe im Rückblick: *«Sie war neben mir heraufgewachsen und wünschte ihr Leben in dieser geschwisterlichen Harmonie fortzusetzen und zuzubringen. Wir waren, nach meiner Rückkunft von der Akademie, unzertrennlich geblieben, im innersten Vertrauen hatten wir Gedanken, Empfindungen und Grillen, die Eindrücke alles Zufälligen in Gemeinschaft.»*[57]

Cornelia Schlosser ist in ihrer Ehe nicht glücklich, nicht als Frau und nicht als Mutter. Am 28. 10. 1774 wird in Emmendingen die erste Tochter geboren, Maria Anna Louise: *«Mein Mädgen würde mir sehr viel Freude machen»*, klagt Cornelia, *«wenn ich mich mit ihm abgeben könnte, aber so muss ichs ganz fremden Leüten überlassen, welches nicht wenig zum Druck meines Gemüths beyträgt – Es ist sehr lustig und will den ganzen Tag tanzen, desswegen es auch bey jedem*

181

lieber als bey mir ist.»[58] Mehr als eineinhalb Jahre lang, bis
in den Sommer 1776, liegt sie krank und elend danieder.

Johann Georg Schlosser, der höchstbesoldete Beamte
im Großherzogtum Baden, ist 1774 auf eigenen Wunsch
aus der Residenz Karlsruhe in das Landstädtchen Emmendingen versetzt worden. Goethe vermutet, *«der wak-
kere Schlosser»* sei, *«wie tüchtig er zum Geschäft sein mochte,
doch wegen seiner schroffen Rechtlichkeit dem Fürsten als unmittelbar berührender Diener, noch weniger den Ministern als
naher Mitarbeiter wünschenswert»* gewesen.[59] Wie dem auch
sei – Schlosser hoffte in der entlegenen Kleinstadt seine
reformerischen Ideen zur Erziehung des Landvolkes, zur
Verbesserung der Verwaltung und der Gesetzgebung un-
gehindert verwirklichen zu können.

Der Umzug von Karlsruhe nach Emmendingen hat
Cornelia angestrengt. An Friederike Hesse schreibt sie
Ende Juni 1774: *«Meine Reise war glücklicher als ich vermu-
thet hatte, denn ich trat sie mit Gliederschmerzen an – die Kälte,
die grosen Bestreitungen in Carlsruh machten mich noch krän-
ker so dass ich fast auf keinem Fuß stehen konnte, in Strasburg
wars auch noch schlimm, aber iezt Gott sey Dank gehts doch
wieder etwas besser – [...] Unsre ganze Haushaltung ist noch
auf dem Wasser, wir hoffen daß das Schiff morgen ankommen
wird – mir ist um nichts bang als um meinen Flügel und um
den Laocoons Kopf –*

*Ich binn jetzt so zerstreut und in so vielen unangeneh-
men Geschäfften verwikelt dass es fast Sünde ist wenn ich
schreibe –».*[60] Schlosser beklagt sich: *«Wir könnten ja wohl
auskommen, aber meine Frau ist auf einem besonderen Fuße*

erzogen worden.» Und: «*Jeder Wind, jeder Wassertropfen sperrt sie in die Stube und vor Keller und Küche fürchtet sie sich noch zuviel.*»[61]

Die beruflichen und privaten Interessen ihres Mannes teilt Cornelia nicht. Die anfängliche Begeisterung und den philanthropischen Optimismus, mit dem Schlosser seinen Aufgaben nachgeht, sind ihr so fremd wie seine schwärmerische Religiosität. Je mehr sie sich ihm entzieht, desto rastloser widmet er sich seinen zahlreichen Tätigkeiten und Liebhabereien. Tagsüber ist sie allein, ohne gesellschaftlichen Kontakt in der Neunhundert-Seelen-Gemeinde, meist bettlägerig und unfähig zu jeder Beschäftigung. Im Januar 1776 schreibt sie an Kestner: «*Ich habe eine grose Sünde auf dem Herzen bester Kestner – Ihren lieben Brief so lang unbeantwortet zu lassen, das ist abscheulich – Ich wäre mit nichts zu entschuldigen wenn ich nicht seit zwey Jahr keinem Menschen in der Welt geschrieben hätte – so lang währt meine Kranckheit und eine Art von Melancolie die eine natürliche Folge davon ist – Ihre liebe aktive Lotte wird sich hierüber nicht wundern, weil sie sich leicht vorstellen kann was das heisst als Frau und Mutter zwey Jahre lang im Bette zu liegen ohne im Stand zu seyn sich selbst nur einen Strumpf anzuziehen – [...] – Es fehlt mir hier hauptsächlich an einer Freundinn die mich aufzumuntern wüsste, und die meine Gedancken von dem elenden kräncklichen Cörper weg, auf andre Gegenstände zöge – Es ist sehr schlimm dass ich mich selbst mit nichts beschäfftigen kann, weder mit Handarbeit, noch mit lesen, noch mit Clavierspielen – auch das Schreiben fällt mir sehr beschwehrlich wie Sie sehen –*»[62]

Der Bruder hat inzwischen am Hof zu Weimar einen ihm gemäßen Wirkungskreis gefunden, dessen vielfältige Anforderungen ihn fesseln – und, in Charlotte von Stein, eine andere Schwester. Er weiß vom körperlichen und seelischen Elend, von der bedrückenden Isolation Cornelias durch ihre Briefe – die er später vernichtet hat –, doch mag er sich darauf nicht einlassen. Stattdessen bittet er Frau von Stein und Auguste zu Stolberg, der einsamen und unglücklichen Cornelia zu schreiben. An das «liebe Gustgen» wendet er sich im Mai 1776: «*Eine grose Bitte hab ich! – Meine Schwester der ich so lang geschwiegen habe als dir, plagt mich wieder heute um Nachrichten oder so was von mir. Schick ihr diesen Brief, und schreib ihr! – O dass ihr verbunden wärt! Dass in ihrer Einsamkeit ein Lichtstral von dir auf sie hin leuchtete, und wieder von ihr ein Trostwort zur Stunde der Noth herüber zu dir käme. Lernt euch kennen. Seyd einander was ich euch nicht seyn kann. Was rechte Weiber sind sollten keine Männer lieben, wir sinds nicht werth.*»[63]

Doch im Frühsommer 1775 besucht Wolfgang die Schwester. Er ist auf der Durchreise in die Schweiz, und er braucht ihren Rat. Er ist unsicher, ob er Lili Schönemann heiraten soll, die Frankfurter Bankierstochter, mit der er seit Ostern verlobt ist. Am 27. Mai trifft er mit Lenz, von Straßburg kommend, in Emmendingen ein und bleibt bis zum 5. Juni. Cornelia geht es in diesen Tagen merklich besser, es ist, als atmete sie auf. Ihrem Bruder ist der Besuch nicht leichtgefallen. «*Ich achtete diesen Schritt, meine Schwester zu sehen, für eine wahrhafte Prüfung. Ich wußte, sie lebte nicht glücklich, ohne daß man es ihr, ihrem Gatten oder*

184

den Zuständen hätte schuld geben können. Sie war ein eignes Wesen, von dem schwer zu sprechen ist»[64] Cornelia rät ihm, wohl aus der Erfahrung der eigenen Ehe und ihrer gesellschaftlichen Isolation, von einer Heirat dringlich ab. *«Gut, wenn ihr's nicht vermeiden könntet so müßtet ihr's ertragen; dergleichen muß man dulden, aber nicht wählen.»*[65]

Nach diesem einzigen Besuch seit ihrer Verheiratung kühlt Goethes Verhältnis zu Cornelia und seinem Schwager merklich ab. Zwar kommt es nicht zum Bruch; und seinen Werther sendet er noch mit einer Widmung nach Emmendingen. Doch auf ihre Briefe antwortet er nicht mehr. Die Geschwister sehen sich nicht wieder.

Nach Goethes Besuch empfängt man im Schlosserschen Haus noch viele Gäste: den christlichen Menschenfreund Lavater und seinen Kreis, Straßburger Freunde des Bruders, wie den Genieapostel Christoph Kaufmann, der der neuen literarischen Epoche ihren Namen gab, und Heinrich Leopold Wagner, den Verfasser der sozialkritischen Tragödie *Die Kindermörderin.* Eine Zeitlang wird das Amtshaus in Emmendingen zum Zentrum des rheinischen Sturms und Drangs. Jakob Michael Reinhold Lenz, der im April 1775 dorthin kam, geht bei den Schlossers ein und aus. Doch auch seine schwärmerische Verehrung kann der schwermütigen, durch Krankheit und Schwäche meist ans Bett gefesselten Cornelia nicht den Bruder ersetzen. Immer wieder klagt sie über ihre Vereinsamung, und deren Endgültigkeit ist ihr schmerzlich bewußt.

An Charlotte von Stein – die Cornelia auf Goethes Drängen geschrieben hat –: *«Wie soll ich Ihnen dancken beste*

185

edelste Frau dass Sie sich in der unendlichen Entfernung meiner annehmen, und mir suchen meine Einsamkeit zu erleichtern o wenn ich nun hoffen dürffte Sie ein einziges mahl in diesem Leben zu sehn so wollt ich nie schreiben und alles biss auf den Augenblick versparen denn was kann ich sagen das einen einzigen Blick, einen einzigen Händedruck werth wäre –

Umsonst such ich schon lang eine Seele wie die Ihrige, ich werd sie hierherum nie finden –»[66]

Als Frau von Stein für den Sommer 1777 ihren Besuch ankündigt, vermag Cornelia es kaum zu glauben: «*Ich kann Ihnen nicht beschreiben beste Frau was die Nachricht dass sie künfftigen Sommer hierherkommen werden für eine sonderbare Wirkung auf mich gethan hat – ich hielts biss jezt für ganz unmöglich Sie jemals in dieser Welt zu sehn denn die entfernteste Hoffnung wär unwahrscheinlich gewesen, und nun sagen sie mir auf einmal – ich komme –.*

Schon zwanzigmahl hab ich heut Ihren lieben Brief gelesen um gewiss versichert zu seyn dass ich mich nicht betriege – und doch sobald er mir aus den Augen ist, fang ich wieder an zu zweiflen –». Cornelia bedankt sich für die Noten zu Glucks Orpheus, die Charlotte ihr gesandt hat, und schließt mit der Klage: «*– ich glaub ich käm von Sinnen wenn ich einmal wieder so was hörte – hier sind wir abgeschnitten von allem was gut und schön in der Welt ist –»*[67]

An Auguste Gräfin Stolberg: «*Ihre häusliche Glückseeligkeit ahnde ich und wünschte als Schwester unter Ihnen aufgenommen zu seyn, das ist der eine von den Wünschen, der nie erfüllt werden wird, denn unsere gegenseitige Entfernung ist so gros, dass ich nicht einmal hoffen darf, Sie jemals in diesem Leben zu sehen.*

Wir sind hier ganz allein, auf 30-40 Meilen weit ist kein Mensch zu finden; – meines Manns Geschäffte erlauben ihm nur sehr wenige Zeit bey mir zuzubringen, und da schleiche ich denn ziemlich langsam durch die Welt, mit einem Körper der nirgend hin als ins Grab taugt.

Der Winter ist mir immer unangenehm und beschwehrlich, hier macht die schöne Natur unsre einzige Freude aus, und wenn die schläft schläft alles.

Leben Sie wohl, bestes Gustchen, ich umarme Sie im Geist, kann Ihnen aber nichts mehr sagen weil ich zu entfernt von Ihnen binn. Cornelia.»[68]

Es ist ihr letzter Brief. Cornelia lernt die Gräfin Stolberg und Charlotte von Stein nie persönlich kennen. Von der Geburt ihrer zweiten Tochter Catharina Elisabeth Julie am 10. Mai 1777 hat sie sich nicht mehr erholt.

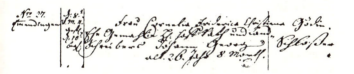

«Den 8. Juni 1777 gestorben, den 10. begraben: Frau Cornelia Friederica Christiana Gödin, Ehe-Gemahlin H. Hoffrath und Land-Schreibers Johann Georg Schlossers; alt 26. Jahr, 8. Monath.»[69]

Über Cornelias Krankheit und ihren frühen Tod ist viel spekuliert und geschrieben worden. Gewiß war sie von eher zarter Konstitution; es mag auch sein, daß die Melancholie ein Erbteil der Goetheschen Familie war.[70] Doch das Skandalon ist ja nicht der frühe Tod, sondern ihr unglückliches Leben: die väterliche Dressur in der Kindheit; die konventionelle Enge ihrer Mädchenjahre; die Benachteiligung gegenüber dem Bruder; das unbefriedigte Verlangen nach Freiheit; der Mangel an Welt- und Wirklichkeitserfahrung; die Flucht in den Phantasieraum des sentimental-moralischen Romans, der ihre spätere Enttäuschung von der Realität noch bitterer macht; die Einsamkeit auch im Kreis ihrer Freundinnen; das Scheitern ihres schriftstellerischen Ehrgeizes; das Leiden daran, dem gerade gültigen Frauenideal nicht zu entsprechen; die demütigende Erfahrung, daß charakterliche und geistige Qualitäten den Mangel an Schönheit und erotischem Reiz nicht wettmachen können; das frühe Bewußtsein, daß es dennoch für ein Mädchen ihrer Herkunft zur Ehe keine Alternative gibt; die Tatsache, daß sie Sexualität nur als Zumutung erfahren und ertragen hat – «*dergleichen muß man dulden, aber nicht wählen*»[71] –, daß sie ihr Leben lang belehrt und bevormundet wurde, daß sie mit einem Mann leben mußte, der sie nicht verstehen konnte und der seine Frauenverachtung vor ihr kaum verbarg[72]; dazu die Entfernung von den Menschen, die ihr etwas bedeuten, für immer; schließlich der Mangel an kultureller und gesellschaftlicher Anregung und Ablenkung in der Provinz – wer würde da nicht resignieren, mutlos, melancholisch, depressiv werden?

Letzten Endes laufen die leidvollen Erfahrungen, die Cornelia machen mußte, auf die eine hinaus: eine Frau zu sein unter den gesellschaftlichen Bedingungen ihrer Zeit. Verfolgt man aber die Geschichte ihrer manifesten Krankheit, so ergibt sich, daß sie mit ihrer Eheschließung beginnt. Im Juni 1776 schreibt Cornelia an Charlotte von Stein: «*Das beynah* dreyjährige *[Hervorhebung von H. S.] beständige Leiden des Cörpers hatte meine Seelenkräffte erschöpft, ich sah alles unter einer traurigen Gestalt an, machte mir tausend närrische, ängstliche Grillen, meine Einbildungs Kraft beschäfftigte sich immer mit den schrecklichsten Ideen so dass kein Tag ohne Herzens Angst und drückendem Kummer verging –*».[73] Von dieser Briefstelle her darf man Cornelias Krankheit als Protest gegen die weibliche Rolle verstehen. Sie bezahlt ihn mit ihrem Leben.

ANHANG

ANMERKUNGEN

1 Johann Wolfgang Goethe: *Dichtung und Wahrheit*, Hamburger Ausgabe, Hamburg 1964, 5. Auflage, Bd. 9, S. 227f., im folgenden *DuW*.
2 Johann Wolfgang Goethe: *DuW*, 2. Buch, Bd. 9, S. 81 f.
3 Ulrike Prokop: «Cornelia Goethe (1750-1777). Die Melancholie der Cornelia Goethe», in: Luise F. Pusch (Hg.): *Schwestern berühmter Männer. Zwölf biographische Portraits*, Frankfurt 1985, S. 93.
4 Georg Witkowski: *Cornelia. Die Schwester Goethes*, Frankfurt am Main 1903, S. 37.
5 Ulrike Prokop, a. a. O., S. 98.
6 Johann Wolfgang Goethe: *DuW*, 8. Buch, Bd. 9, S. 337.
7 Ebda. S. 337f.
8 Johann Wolfgang Goethe: *Briefe*, Bd. 1, Hamburger Ausgabe, 2. Auflage Hamburg 1968, S. 11.
9 A. a. O., S. 17f.
10 A. a. O., S. 19.
11 A. a. O., S. 18.
12 A. a. O., S. 23.
13 Ebda.
14 A. a. O., S. 22.
15 A. a. O., S. 23.
16 Ebda.
17 A. a. O., S. 31, übersetzt von H. S.
18 A. a. O., S. 36, übersetzt von H. S.
19 A. a. O., S. 49f.
20 Ebda.
21 A. a. O., S. 41f.
22 Johann Wolfgang Goethe: *DuW*, 8. Buch, Bd. 9, S. 338.
23 Georg Witkowski, a. a. O., S. 53.
24 Ebda.
25 Johann Wolfgang Goethe: *DuW*, 13. Buch, Bd. 9, S. 570f.

26 so Ernst Beutler: «Die Schwester Cornelia», in: Wolfgang Pfeiffer-Belli (Hg.): *Johann Caspar Goethe, Cornelia Goethe, Catharina Elisabeth Goethe – Briefe aus dem Elternhaus,* 1. Ergänzungsband der Goethe-Gedenkausgabe, Zürich 1960, S. 214; Witkowski, S. 56 f.

27 Johann Wolfgang Goethe: *DuW,* 8. Buch, Bd. 9, S. 338.

28 André Banuls: *Goethes Briefe an Cornelia,* Frankfurt am Main 1986, S. 16 f.

29 Alle Zitate, die nicht mit einer Anmerkungsnummer versehen sind, sind Zitate aus den *Briefen* und der *Correspondance Secrète* von Cornelia Goethe.

30 Madame de Ferval ist nicht nachzuweisen.

31 In *DuW* heißt es, «*daß sie manchmal wirklich häßlich aussehen konnte;*» *DuW,* 6. Buch, Bd. 9, S. 229.

32 Johann Wolfgang Goethe: *DuW,* 6. Buch, Bd. 9, S. 231.

33 Johann Peter Eckermann: *Gespräche mit Goethe,* Leipzig 1913, S. 459 am 28. März 1831.

34 Johann Wolfgang Goethe: *DuW,* 18. Buch, Bd. 10, S. 131f.

35 Johann Wolfgang Goethe: *DuW,* 6. Buch, Bd. 9, S. 230.

36 *Sophie* – die Weisheit – wurde Cornelia gelegentlich im Freundeskreis genannt, und so nannte sie sich manchmal selbst. Auf die literarischen Bezüge geht Georg Witowski ein, a. a. O., S. 60f.

37 Johann Wolfgang Goethe: *DuW,* 18. Buch, Bd. 10, S. 131.

38 Goethe zu Eckermann, a. a. O.

39 Johann Wolfgang Goethe: *DuW,* 6. Buch, Bd. 9, S. 229.

40 Johann Wolfgang Goethe: *DuW,* 6. Buch, Bd. 9, S. 228.

41 So sieht es schon Ernst Beutler, a. a. O., S. 216: «*Cornelia wetteifert hier heimlich, aber bewußt mit dem Bruder.*»

42 Johann Wolfgang Goethe: *Briefe,* Bd. 1, S. 19.

43 vgl. Ulrike Prokop, a. a. O., S. 64 ff.

44 Johann Wolfgang Goethe: *Briefe,* Bd. 1, S. 41, übersetzt von H. S.

45 gätlich: angemessen, schicklich, passend.

46 vgl. Johann Wolfgang Goethe: *DuW,* 18. Buch, Bd. 10, S. 132.

47 Johann Wolfgang Goethe: *DuW.,* 7. Buch, Bd. 9, S. 267.

48 Johann Wolfgang Goethe: *Briefe.* Bd. 1, S. 135.

49 A. a. O., S. 156.

50 Georg Witkowski, a. a. O., S. 234.

51 Ernst Beutler, a. a. O., S. 228.
52 Georg Witkowski, a. a. O., S. 83.
53 Georg Witkowski, a. a. O., S. 105.
54 Goethe zu Eckermann, a. a. O.
55 Johann Wolfgang Goethe: *DuW*, 18. Buch, Bd. 10, S. 132.
56 Georg Witkowski, a. a. O., S. 234.
57 Johann Wolfgang Goethe: *DuW*, 18. Buch, Bd. 10, S. 132.
58 Georg Witkowski, a. a. O., S. 237f.
59 Johann Wolfgang Goethe: *DuW*, 18. Buch, Bd. 10, S. 133.
60 Georg Witkowski, a. a. O., S. 236.
61 zit. nach Ernst Beutler, a. a. O., S. 232.
62 Georg Witkowski, a. a. O., S. 237.
63 Johann Wolfgang Goethe: *Briefe*, Bd. 1, S. 217f.
64 Johann Wolfgang Goethe: *DuW*, 18. Buch, S. 131.
65 Johann Wolfgang Goethe: *DuW*, 19. Buch, Bd. 10, S. 167.
66 Emmendingen, Juni 1776; Georg Witkowski, a. a. O., S. 239.
67 Emmendingen, 20. Oktober 1776; Georg Witkowski, a. a. O., S. 241f.
68 Emmendingen, 10. Dezember 1776; Georg Witkowski, a. a. O., S. 243.
69 Eintragung im Kirchenbuch Emmendingen; zit. nach Georg Witkowski, a. a. O., S. 123 – Richtig muß es bei der Altersangabe heißen: 26 Jahre, 6 Monate.
70 vgl. Ernst Beutler, a. a. O., S. 243 f.
71 Johann Wolfgang Goethe: *DuW*, 19. Buch, Bd. 10, a. a. O., S. 167.
72 vgl. Georg Witkowski, a. a. O., S. 103 f.
73 Georg Witkowski, a. a. O., S. 239.

Personen- und Sachverzeichnis

S. 9   Katharina Fabricius: geb.1750,Tochter des Fürstlich Leiningischen Hofrats Georg Arnold Fabricius in Worms.

S. 12   Johann Schobert: Komponist und Pianist, seit 1760 Kammerpianist bei dem Prinzen Conti; starb 1767 an einer Pilzvergiftung.

–   Mlle B.: vermutlich die an anderer Stelle erwähnte Mlle Baumann, Tochter des Stadtschultheißen von Worms, Philipp Baumann; möglicherweise ist aber auch Elise Bethmann gemeint.

S. 13   Der Elendsmensch («le misérable»): oft auch der Barmherzige («le miséricordieux) und «Mr. G.», Verehrer Cornelias.

–   Hallungius: Bekannter oder Verwandter von Katharina Fabricius aus Worms.

–   Ihr Fräulein Schwester: Barbara Fabricius, jüngere Schwester Katharinas, lebte in Frankfurt, möglicherweise in der Familie des Legationsrats Johann Friedrich Moritz.

S. 15   M. Hesse: Dr. Jur. Conrad Friedrich Hesse, später Konsulent der Stadt Worms.

–   Cousine bzw. Cousin: übliche Anrede unter jungen Leuten in Frankfurt, keine Verwandte von Katharina Fabricius; gemeint ist eine der Töchter des Legationsrats Johann Friedrich Moritz.

S. 16   Runkel: Lisette Runckel aus Frankfurt, Tochter des Stallmeisters Carl Ambrosius Runckel, Freundin Cornelias.

–   Weinlese: Die Familie Goethe besaß einen Weinberg vor der Stadt Frankfurt. Die Weinlese bot Cornelia eine Möglichkeit, der häuslichen Enge zu entkommen und an ungezwungener Geselligkeit teilzuhaben.

S. 18   Mlle S: wohl Johanna Philippine Sarasin.

–   W.: der Bruder Wolfgang.

S. 19   der arme T («le pauvre T»): vielleicht Augustin Trapp aus Worms, verwandt mit Charitas Meixner, Jugendfreund Wolfgangs.

S. 20   Mlle Meixner: Charitas Meixner, 1750-1777, Nichte des Legationsrats Johann Friedrich Moritz.

S. 21   Manheim: unter dem Kurfürsten Carl Theodor ein bedeutendes Musik- und Theaterzentrum.

S. 23 Rst.: Rost? Denkbar ist, daß es sich um Lorchen Rost, die Nichte von Johann Balthasar Kölbele handelt (in Briefen Goethes erwähnt).

S. 24 Cronstettische Stiftung: Das «Adelige von Cronstett- und von Hynspergische evangelische Damenstift» wurde 1753 in Frankfurt gegründet und war den weiblichen Angehörigen der Gesellschaft Alt-Limpurg vorbehalten. Cornelia sandte Katharina Fabricius die Stiftungsurkunde.

S. 25 Bistum Worms: vom 12.1.1768-1.3.1768 vakant, wurde dann mit dem Mainzer Kurfürsten Emmerich Joseph besetzt.

– die Konzerte: 1713 wurde das «Collegium musicum» gegründet. 1759 neu etabliert. Später fanden zusätzlich zu den Konzertveranstaltungen durchreisender Künstler Winterkonzerte in verschiedenen Frankfurter Gasthöfen statt.

S. 28 M. H.: Conrad Friedrich Hesse.

– Briefe des Marquis de Roselle: Lehrhafter Roman von Madame Le Prince de Beaumont. Die Schriftstellerin verfaßte etwa 70 Bände moralisierender Erzählungen, überwiegend in Briefform nach dem Vorbild Richardsons, von denen viele auch in Übersetzungen große Verbreitung gefunden haben. J. W. Goethe empfahl seiner Schwester, die «Lettres du Marquis de Roselle» zu lesen und ihren Inhalt Lisette Runckel zu erzählen.

S. 29 Mlle de Ferval: nicht nachzuweisen.

– Mlle Hafner: nicht nachzuweisen.

S. 32 Herr Dr. Kölbele: Dr. Jur. Johann Balthasar, Advokat in Frankfurt.

S. 33 Kurfürst: Gemeint ist der Kurfürst von Mainz, in Personalunion Bischof von Worms.

– M. Glötzel: Nicht nachzuweisen.

– Schlicht: Es ist unsicher, ob es sich um den Thomaskantor in Leipzig, nämlich Johann Gottfried Schicht handelt.

S. 43 Sir Charles Grandison: Held des berühmten Romans von Samuel Richardson.

– Miss Byron: Heldin des genannten Romans.

S. 45 Harry: der Jugendfreund Cornelias; sein wirklicher Name war Arthur Lupton; Sohn eines Textilkaufmanns aus Leeds. Er war damals zwanzig Jahre alt.

–   Mlle de Sosure: Leonore de Saussure, Tochter eines Seidenhänd-
        lers.
S. 46   ein junger Maler aus Paris: Georg Melchior Kraus aus Frankfurt,
        der sich von 1761-1768 in Paris ausbilden ließ.
S. 47   Sekretär: Wolfgang schrieb sowohl im Auftrag seiner Schwester
        als auch persönlich an Katharina Fabricius.
–   ein sehr reicher Kaufmann: Es handelt sich um den Frankfurter
        Kaufmann Busch, einen Verehrer Lisettes, der wenig später das
        Gasthaus «König von England» kaufte.
S. 48   Darmstadt: Am 27. September 1768 heiratete der Landgraf Fried-
        rich Ludwig von Hessen-Homburg die Prinzessin Caroline von
        Hessen-Darmstadt.
–   der Stallmeister: Lisettes Bruder.
–   Phaeton: leichter Kutschwagen für Herrenfahrer.
–   Kavalier: Adeliger.
S. 49   der alte Landgraf: Landgraf Ludwig VIII, starb am 18. Oktober im
        Theater infolge eines Schlaganfalls.
–   Prinz Georg: Prinz Georg Carl, Sohn des Prinzen Georg Wilhelm.
S. 50   Die Erbprinzessin: Prinzessin Caroline Henriette, geborene Prin-
        zessin von Pfalz-Zweibrücken.
S. 51   mein Onkel: vermutlich Dr. jur. Johann Jost Textor.
S. 52   förmliche Antwort: gemeint sind die offenen Briefe an Katharina.
S. 55   Oldroqq: die Brüder Johann Georg und Heinrich Wilhelm von
        Olderogge, livländische Adelige, die in Leipzig mit Johann Wolf-
        gang Goethe studierten.
S. 60   mein liebenswürdiger Engländer: Harry Lupton.
S. 66   feuerroter Ausschlag: «Etalage» ist in diesem sprachlichen
        Zusammenhang Synonym zu «parure», «ornement», auch «coif-
        fure». Offensichtlich handelt es sich aber im Kontext dieser
        Situation um eine ironische Methapher für Cornelias Hautaus-
        schlag im Gesicht, der sie in Streßsituationen befiel.
S. 67   Pfarrthurm: der gotische Teil des Turms des Frankfurter St.
        Bartholomäus Doms.
S. 69   St.: Stockum?
S. 70   Lisette de Stokum: Lisette von Stockum.
–   spielen: Gemeint ist das in Geselligkeit übliche Kartenspiel.

S. 71 neue Komödie: wohl die «Mitschuldigen».

– Podoki: Potocki – eine Gräfin Potocka wohnte mit ihrer Mutter während der Messe 1769 im «Goldenen Engel».

– Mylord: ein Engländer aus der Pension, die der frühere Kammerdiener des Rates Goethe, L. H. Pfeil, im Großen Hirschgraben unterhielt.

S. 72 Mr. B.: Busch.

S. 73 De la Varee und De la Roche: durchreisende französische Kavaliere.

S. 74 Lisette: jetzt und im folgenden Text ist Lisette Runckel gemeint.

S. 79 Der Gesandte: Resident des Markgrafen von Baden.

– Pleureusen: Trauerbinden

S. 80 Charlotte: Charlotte Gerock.

– Marquis de Saint Sever: druchreisender französischer Kavalier.

S. 81 Comtessen von Neuberg und Heydesheim: Gräfin Neuberg nicht zu ermitteln; Gräfin Heydesheim vermutlich Marie Louise Albertine Gräfin zu Leiningen-Heidesheim. Sie war mit dem Prinzen Georg Wilhelm von Hessen-Darmstadt verheiratet.

– Caroline De Stokum: die Schwester von Lisette von Stockum.

S. 84 Dorval: ein junger Kaufmann aus Kopenhagen, den Lisette Herrn Busch als Verehrer vorzog.

S. 89 Müller: vermutlich Caspar Möller aus Lauterbach, ein Freund des jungen Goethe.

S. 90 Miss B: Maria Bassompierre, Tochter eines reichen Fabrikanten in Frankfurt.

– Saint Albin: vermutlich ein Reformierter.

S. 91 Miss Philippine: vermutlich Johanna Philippine Sarasin.

S. 97 Cousine Catharine: wohl Catharina Gerock.

S. 100 R.st.: Rost?

S. 103 Quadrille: ein Kartenspiel.

S. 107 Graf von Nesselroth: Wilhelm Franz von Nesselrode-Ereshofen.

– Antoinette: Antoinette Gerock.

S 111 einer Frau: vielleicht Catharina Sibylla, geb. Schöll, die Gattin des Legationsrats Moritz.

S. 113 ein junger Reformierter: Angehöriger der reformierten Gemeinde.

S. 114 der sechste Psalm: «Ach Herr, strafe mich nicht in Deinem Zorne.»

S. 117 Miss Simonette Bethmann: Catharina Elisabeth, Simonetta genannt, aus Bordeaux, seit 1769 mit Peter Heinrich Metzler verheiratet.

S. 119 Mr. Steinheil: Kursächsischer Legationssekretär oder auch sein Sohn.

BIBLIOGRAPHIE

Folgende Literatur war zum Verständnis Cornelias, ihrer Zeit und ihrer Sprache besonders hilfreich:

ADELUNG, Johann Christoph: *Grammatisch-kritisches Wörterbuch der hochdeutschen Mundart*, 2. Auflage Leipzig 1793-1801

ARIES, Philippe: *Geschichte der Kindheit*, 2. Auflage München, 1976

BANULS, André: *Goethes Briefe an Cornelia*, Frankfurt am Main 1986

BEUTLER, Ernst: *Der Kaiserliche Rat*, in: Wolfgang Pfeiffer-Belli (Hrsg.): *Elisabeth Goethe: Briefe aus dem Elternhaus*, 1. Ergänzungsband der Goethe-Gedenkausgabe, Zürich 1960, S. 11-185

–: *Die Schwester Cornelia*, a.a.O., S. 187-245

–: *Catharina Elisabeth Goethe*, a.a.O., S. 247-300

–: *Essays um Goethe*, Bremen 1957

BEUYS, Barbara: *Familienleben in Deutschland*, Reinbek bei Hamburg 1980

CAMPE, Joachim Heinrich: *Wörterbuch der deutschen Sprache*, Braunschweig 1807-1811

DAMM, Sigrid: *Cornelia Goethe*, Frankfurt am Main 1988

DORNSEIFF, Franz: *Der deutsche Wortschatz nach Sachgruppen*, Berlin/Leipzig 1934

DÜNTZER, Heinrich: *Frauenbilder aus Goethes Jugendzeit*, Stuttgart 1852

EISSLER, K. R.: *Goethe – Eine psychoanalytische Studie*, Frankfurt am Main 1985

GOES, Albrecht: *Goethes Mutter*, Frankfurt am Main 1958

GOETHE, Johann Wolfgang: *Aus meinem Leben – Dichtung und Wahrheit*. Hamburger Ausgabe Bd. 9, Hamburg 5. Auflage 1964 und Bd. 10, Hamburg 3. Auflage 1963

GOTHEIN, Eberhard: *J. G. Schlosser als badischer Beamter*, Heidelberg 1899

GÖTTING, Franz: *Chronik von Goethes Leben*, Frankfurt am Main 1963

GRIMM, Jakob und Wilhelm: *Deutsches Wörterbuch*, Leipzig 1854 ff.

GRÜNTHAL, Ernst: *A. v. Haller, J.W. v. Goethe und ihre Nachkommen.* Ein familiengeschichtlicher Vergleich, Bern, München 1965

KÖNIG, Amand (ed.): *Nouveau Dictionnaire Français-Allemand et Allemand-Français*, Strasbourg 1762, 3. Auflage 1793

KYBALOVA, Ludmila u.a.: *The pictorial encyclopedia of fashion*, London 1968

LÜDERS, Detlev: *Das Goethehaus in Frankfurt am Main*, 3. Auflage Frankfurt am Main 1980

MICHEL, Christoph: *Cornelia in «Dichtung und Wahrheit».* Kritisches zu einem Spiegelbild. Jahrbuch des Freien deutschen Hochstifts, Frankfurt am Main 1979

MÜLLER, Gustav Adolf: *Goethe-Erinnerungen in Emmendingen;* erweiterter Nachdruck der Ausgabe von 1909, Freiburg im Breisgau 1982

PFEIFFER-BELLI, Wolfgang (Hg.): *Johann Caspar Goethe, Cornelia Goethe, Catharina Elisabeth Goethe – Briefe aus dem Elternhaus, 1. Ergänzungsband der Goethe-Gedenkausgabe*, Zürich 1960

PROKOP, Ulrike: «Cornelia Goethe (1750-1777). Die Melancholie der Cornelia Goethe», in: Luise F. Pusch (Hg.): *Schwestern berühmter Männer. Zwölf biographische Portraits*, Frankfurt am Main 1985, S. 49 ff.

SACHS-VILLATTE: *Enzyklopädisches französisch-deutsches und deutsch-französisches Wörterbuch*, Berlin 1871-1880

SHORTER, Edward: *Die Geburt der modernen Familie*, Reinbek 1977

WAHRIG, Gerhard: *Deutsches Wörterbuch*, Gütersloh 1971

WEHRLE-EGGERS: *Deutscher Wortschatz*, Stuttgart 1961

WITKOWSKI, Georg: *Cornelia. Die Schwester Goethes*, Frankfurt am Main 1903